井戸尻の縄文土器 ③

曽利遺跡 4・20・29・30・32 号住居址他出土土器

長野県富士見町井戸尻考古館 編

テクネ

長野県富士見町井戸尻考古館

　八ヶ岳西南麓では縄文時代（約 12,000 〜 2,000 年前）の生活文化を伝える遺跡がこれまで多数発掘されてきました。館内には、富士見町内で発掘調査した資料のうち、2,000 点余りの土器や石器が年代順に並べられ、その移り変わりや用途を知ることができます。また、住居展示や食物・装身具なども併せて展示し、一見すればわかるように工夫されています。また、土器や土偶など図像の解読で明らかになった当時の宗教観や世界観・神話なども意欲的に解説しています。

　館外には、5,300 平方メートルの敷地に配石遺構のほか、栽培作物圃場・石器材料岩石園を設け、当時の食生活や農具の究明を行っています。また、史跡井戸尻には復元家屋が建ち、涸れることのない湧水の音に耳を傾けると、しばし縄文の世界に浸ることができます。考古館の隣には、この地域の民俗資料を収集した歴史民俗資料館が併設されています。

- 場所：〒 399-0101 長野県諏訪郡富士見町境 7053
  TEL：0266(64)2044　FAX：0266(64)2787
  E-mail：idojiri@town.fujimi.lg.jp
  URL　：http://userweb.alles.or.jp/fujimi/idojiri.html
- 開館時間：午前 9 時〜午後 5 時 (休館日：月曜日・祝日の翌日・年末年始)
- 鉄　道：JR 中央本線信濃境駅下車 徒歩 15 分。
- 自動車：中央自動車道小淵沢 IC より信濃境方面へ 6 Km　約 15 分。
  国道 20 号線上蔦木信号より信濃境方面へ 2 Km 上る　約 5 分。

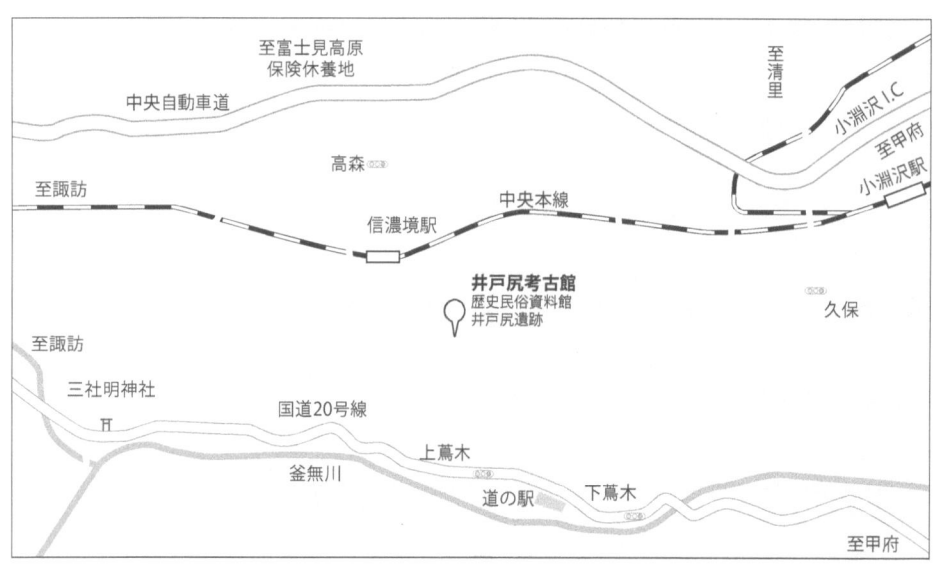

井戸尻の縄文土器 ③　曽利遺跡 4・20・29・30・32 号住居址他出土土器　カラー版

Jomon Potteries in Idojiri ③　Sori Ruins Dwelling Site #4, #20, #29, #30, #32　Color Edition

編者：長野県富士見町教育委員会 井戸尻考古館	Edited by Fujimi-cho Board of Education Idojiri Archaeological Museum
初版発行：2015 年 11 月 10 日	1st Edition: Published on 10 November, 2015
印刷製本：CreateSpace, An Amazon.com Company	Printed by CreateSpace, An Amazon.com Company
発行所：株式会社テクネ	Published by Texnai, Inc.
東京都渋谷区宇田川町 2-1	2-1 Udagawa-cho, Shibuya-ku, Tokyo, Japan
Tel: 03-3464-6927　Fax: 03-3476-2372	Tel: 81-3-3464-6927　Fax: 81-3-3476-2372
e-mail:texnai@texnai.co.jp　http://www.texnai.co.jp/POD/	
© 長野県富士見町教育委員会 井戸尻考古館、2015	© Fujimi-cho Board of Education Idojiri Archaeological Museum, 2015

ISBN 978-4-907162-90-0

例　言

　井戸尻考古館では、主として縄文土器・土偶に関し、かねてより発掘資料の画像データベース化を進めてきたが、この度、一般向けに遺跡別の図録をオンデマンド出版のかたちで刊行することになった。本書は、その第三巻で、曽利遺跡出土土器の内、第4号・20号・29号・30号・32号住居址、第11号・14号土壙の主要な縄文土器12点を収録したものである。遺跡ならびに土器の解説については、1978年に富士見町教育委員会が刊行した報告書『曽利―第三、四、五次発掘調査報告書―』ならびに藤森栄一編『井戸尻』(1965)から抜粋、若干の編集をほどこして転載した。写真については画像データベース構築の際に撮影した多視点画像のうち、土器ごとに3点を選び、1ページに1点という方針で割り付けた。以下、解説、写真の著作者、表記について記す。

1. 解説執筆者：武藤雄六・宮坂光昭・長崎元広・高林重水（以上『曽利』）・藤森栄一（『井戸尻』）
   また、小林公明の研究に基づく井戸尻考古館の図像学的解釈について、小松隆史が加筆している。
2. 実測図作成（『曽利』）
   遺構製図：功刀彰・小林公明
   第三次調査土器実測図：武藤雄六・宮坂光昭　　第四・五次調査土器実測図：折井敦　　土器拓影図：五味一郎
3. 多視点写真撮影：関浩明・平出教枝・鳥居諭・深沢武雄 / 株式会社テクネ
4. 遺構図ほかの表記法は以下の通りである。
   1) 方位は磁北を指す。
   2) 水糸高は標高（m）を示す。
   3) 一点破線は埋められた遺構を示す。
   4) 土器データ最終行のID番号は、井戸尻考古館画像データベースのID番号である。
5. 制作：深沢武雄・平出教枝・鳥居諭（画像処理）・浜崎伸（OCR） / 株式会社テクネ

目次

曽利遺跡とその発掘調査	5
曽利遺跡4号・20号・29号・30号・32号住居址の発掘調査	9
図録	
水煙渦巻文深鉢（すいえんうずまきもんふかばち）	18
渦巻文深鉢（うずまきもんふかばち）	22
素文内湾口縁深鉢（そもんないわんこうえんふかばち）	26
深鉢（ふかばち）	30
四螭文揚底甕（しちもんあげぞこがめ）	34
蛇文蒸器形深鉢（じゃもんむしきがたふかばち）	38
人面香炉形土器（じんめんこうろがたどき）	42
香炉形土器（こうろがたどき）	46
四方山形口縁深鉢（しほうやまがたこうえんふかばち）	50
双眼深鉢（そうがんふかばち）	54
蛇文深鉢（じゃもんふかばち）	58
蛇頭半人半蛙交会文深鉢（じゃとうはんじんはんあこうかいもんふかばち）	62

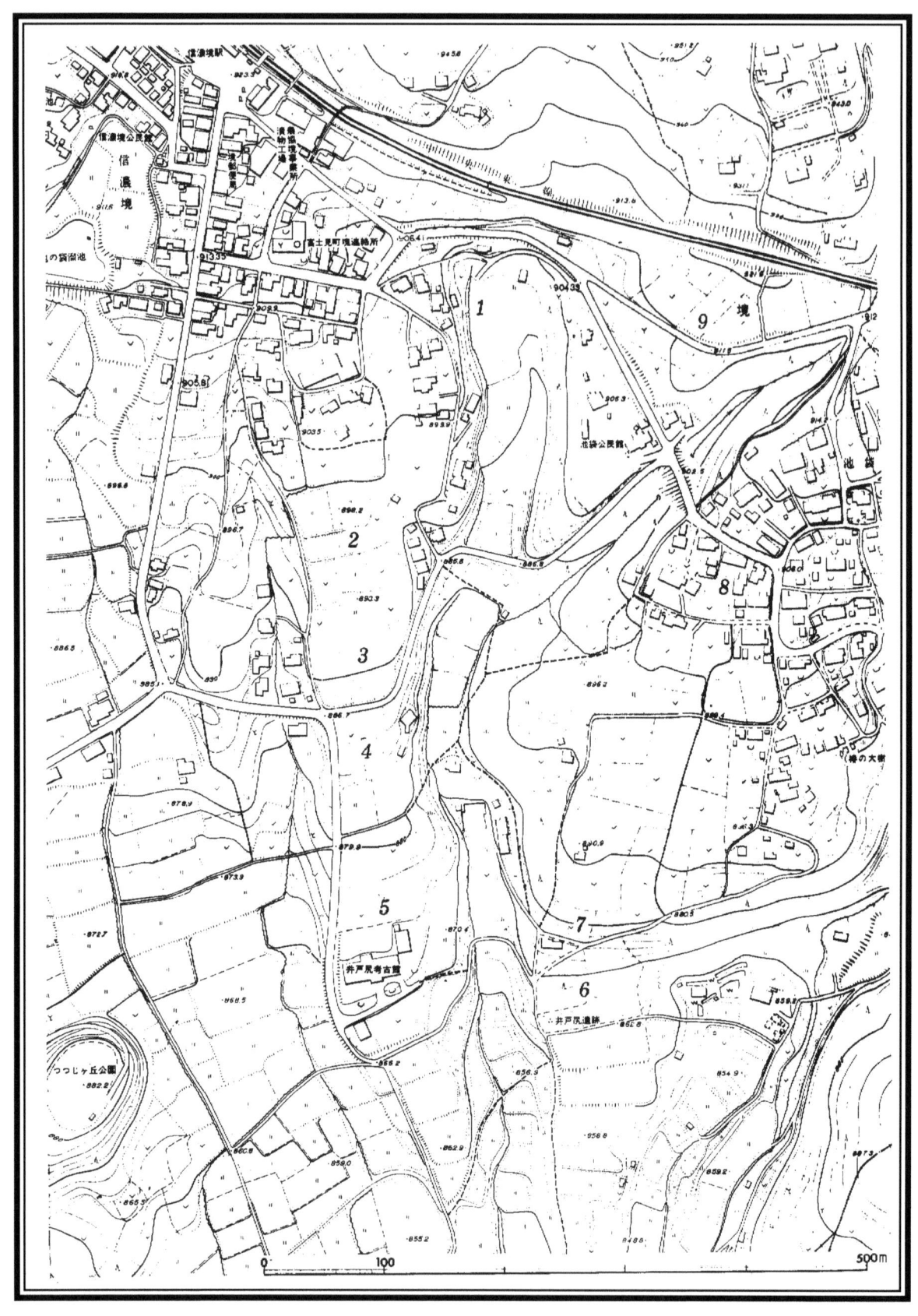

曽利遺跡付近地図（1：5000）
1. 井戸　2. 新田平　3. 大花北　4. 大花　5. 曽利　6. 井戸尻　7. 日向　8. 池袋　9. 干沢

曽利遺跡とその発掘調査

富士見町教育委員会調査報告書『曽利』(1978) より

1. 曽利遺跡の環境

(1) 位置

　曽利遺跡は、長野県諏訪郡富士見町境7053番地を中心とする尾根状台地一帯に位置する。このあたりは、古くから池袋区の範囲にあり人々は「そり」と呼びならわしていた。

　国鉄中央線の信濃境駅を降りると、眼前に甲斐駒の雄姿が、はるか南方には富士の霊峰が望まれ、背後に八ヶ岳が迫る景勝の地が、そく、遺跡である。

　遺跡のある台地は、駅付近から真直に南に向ってゆるやかな傾斜を保ちながら、あるいは狭く、また広がりをみせつつ平均100mの巾を維持して、さながら帯の如く1,000mも続いて釜無川の断崖に達する直前で消滅している。

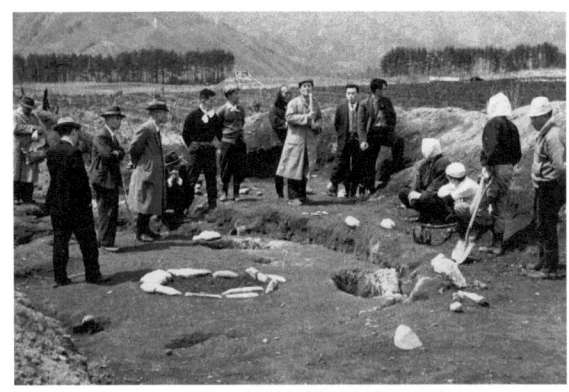

1961年3月曽利第二次発掘の頃

　遺跡は、この台地の状態に適合するかのように、台地の東縁が欠けこんだ数地点に集中して遺跡群を形成している。
　即ち、北から井戸・新田平・大花・大花北・曽利の5遺跡からなり、標高は850～910mにわたっている。

(2) 地形と地質

　曽利遺跡のある八ヶ岳南麓の地は長野・山梨の二県にまたがり、八ヶ岳火山列の最南端に位置する西岳・編笠山・三ッ頭に起因する熔岩と泥流ファンの上に発達したローム層の占める広大な洪積台地の上にある。この洪積台地は、宮川・釜無川などによって区切られ、フォッサマグナの西縁、糸魚川～静岡線にそった急な山腹を境にして、南アルプスの赤石山地に接している。また、台地上には、宮川や釜無川に向って数多くの縦に流れる大小の小河川が台地を開析して、その間に帯状の台地（尾根）を形成している。この帯状の台地のところどころには、溶岩の流出面と餅盤状の小円丘の末端部に相当する個所に、大小の地下水の湧出口があり、いずれも小河川の重要な水源になるほか飲用に供されている。

　帯状の台地は、ほとんど新期ロームに被われ、上に、20～50cmの黒色土層が堆積している。遺跡のうち、住居址などの遺構は新期ロームの上部に掘込まれ、遺物は、主として、地表下15cm程の深さに存在する当時の地表面と遺構中に遺存している。場所によっては、地表下15～20cmに小さな炭片を混じ、攪乱された痕跡の認められることがある。

　これらの台地のうち、遺跡の有るのは、小河川との比高差が20m以下の場合が最も多く、それ以上の差で遺跡の認められるのは、小河川との間に小段丘の存在する場合に限られ、比高差が2～3m以下になると遺跡は少ない。

(3) 歴史的環境

　曽利をはじめ、大花・大花北・新田平・井戸遺跡のあるソリの尾根は、百百川をはさんで隣接する池袋・井戸尻の尾根および、兵ヶ森小円丘の西麓を含めた、ほぼ円形の範囲に分布する井戸尻遺跡群の一翼を占めている。

　井戸尻遺跡群については、その詳細が報告書「井戸尻」(1965)に記載されているので、ここでは省略するが、その核となっている井戸尻遺跡では、先土器時代最末期から中世までの遺物が確認されている。また、井戸尻をとりまく各遺跡では、中期が中心の場合が最も多く、後期・前期がこれに続いている。

曽利遺跡は、中期を主体とする遺跡であるが、後期の遺物および晩期の遺構が確認されている。更に、平安時代後期の遺構と遺物も井戸尻と同様に確認され、文献の記載とも一致している。

また、この尾根の開畑としての歴史は古く平安時代にまで遡ることは確実であるが、尾根の総面積の半分程を占める水田についての開田の歴史は浅く、江戸時代末から明治初期にかけてであって、つい先頃まで、古老から、開田当時の様子を伺うことができた。

これらの話を要約すると、尾根の北側の黒色土を掘って積上げ、続いて、赤土を掘り南側に埋出して整地し地床を作った後、黒土を展開したそうである。この工程のうち、特に黒土の深いところからは、多量の土器や石器が見つかったという。畑作りでは、せいぜい地表面の遺物が出る程度だから、そう吃驚（びっく）りもしないのだが、田普請（たぶしん）ともなるとそうはいかない。下手な発掘と同じで手掘りだから、驚けてしまうのも当然であったろう。そのほとんど全部は祟りを恐れて遠くの川に捨てたり、まとめて、水田の下層に埋めてしまったそうである。

ただ、それらのうち、大型の石皿や立石・炉石などは、土止めの石垣石に利用されたものもあり、また屋根石に使われたこともあった。その反面、どこの村にも1人や2人は変り者がいるもので、土器はともかく、磨製石斧や玉類などを隠し持っている人もあった。

畑作りで出た遺物は、界塚と呼ばれ、畑の境界にお互いに積上げていたもので、その中には凹石・打製石斧をはじめ土器の破片などがたくさん積込まれていたものだった。

その当時は、界塚を毎年見廻ると打製石斧や凹石がいくらでも採集できたし、たまには磨製石斧さえみつけることが出来た。また、春先、畑を歩くと石鏃の5〜6本は簡単に拾えたものだった。ところが、最近では季節の弁えをもたない採集家が横行して、畑の作物を踏み荒すばかりか、所かまわず掘りまくる始末で、ほとほと手をやいている。

それに加えて、畑作りが鍬と鶴嘴（つるはし）から耕転機のロータリーとマルチへと変ってしまい、春先きの楽しい採集など夢物語りとなってしまった。

それらにも増して困ることは激しい宅地化攻勢である。ソリの尾根でも、すでに井戸と新田平遺跡の大半が宅地化によって喰い荒されてしまい、その矛先きは、さらに南下して大花遺跡に迫りつつある。曽利遺跡でも、最近、宅地としての売買がなされ、遺跡の保存は窮地に追込まれている。最早、国費による買上以外に打つ手は見当らない。

(武藤雄六)

2. 調査の経過

(1) 過去の調査

八ヶ岳南麓における縄文時代遺跡の主座を占める井戸尻遺跡群の発掘調査は、昭和18年、宮坂英弌（みやさかふさかず）氏による曽利の発掘が発端となった。

その後、一時中断していたが、戦後になって、武藤雄六らによる小発掘の時期を経て、昭和25年頃から宮坂英弌氏の指導による発掘調査が烏帽子遺跡群内および立沢遺跡群内など各遺跡で盛んに行なわれ、昭和29年の藤内遺跡での発掘を最後に、他力型の発掘調査の時期が終ったのである。

さて、組織的な発掘調査はというと、昭和33年3月の井戸尻遺跡の発掘から始められた一連の調査である。これらの調査には境地区の公民館と町の教育委員会等が何らかの関係を持ち、境史学会や池袋区と関係したこともあった。その後、井戸尻遺跡保存会の結成と同時に保存会が主体となって調査を進めた。

この一連の調査は、昭和38年まで続けられて一段落となった。それらの結果は、藤森栄一氏の指導によって、発掘報告書『井戸尻』として昭和40年度に富士見町町制施行十周年の記念事業の一環として刊行され、所期の目的であった郷土の文化財を知ることができたのである。それ以後の調査は「小規模でも毎年行う」から必要に応じて最少限度の調査をする、に変わって来たのであった。したがって、調査の結果を公表する報告書の刊行も、遺跡毎に、その都度刊行することになったのである。ところが、最初のうちは何とかそれで賄えていたが、土木工事や宅地造成などによる規模の大きな緊急発掘が

行なわれるようになるに従い整理が追付かなくなり、調査報告書の刊行が遅れ勝ちというより、むしろ止ったに等しい状態となり現在に至っている。

　曽利遺跡の調査は、勿論、昭和18年のそれが最初であり、戦後、昭和35年と36年の二度に亘り藤森栄一氏の指導によって17基の竪穴住居址を調査した。これらの調査については、詳細な報告書がすでに刊行されているので、ここでは、調査および報告書のなかで、その後の研究成果や、今次報告書刊行に関わる調査によって発見された疑問点などを中心に、極く簡単にふりかえって反省してみたいと思う。

　昭和18年の発掘は、曽利遺跡のほぼ中心で尾根の西側で行なわれ、藤内I式期の住居址と3基の土壙を調査したにとどまった。

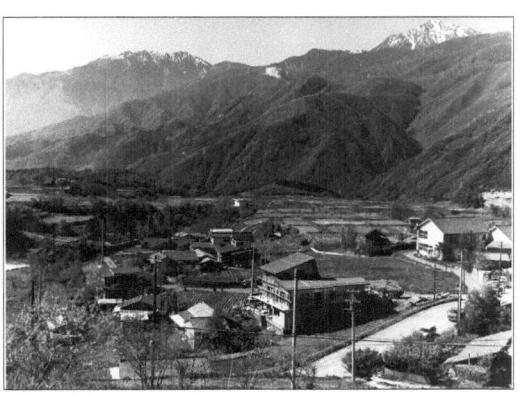

1961年頃の曽利の風景　右手の山岳は甲斐駒ヶ岳

　次いで、昭和35年の第一次発掘調査となるのであるが、この調査では、計11基の竪穴住居址の調査を行なった。そのうち、9・11・13の3基については完掘するに至らず、その一部または全容を知ることが出来なかった。また、この調査では、反省すべき欠点や誤りが3点あった。その一つは、遺物の記録ちがいから、東壁にへばり付いていた人面付の碗が3号住居址でなく4号住居址になり、4号住居址の東壁が10cm程度東にずれ貼壁を無視したこと。第2点は、第1点とはうらはらに4号住居址のP1柱穴中に依存していた地文に縄文を施した加曽利E式深鉢を紛失したことである。これらの2点は、曽利I式土器の組成上、重大な欠陥として今日まで残されている。第3点は、住居址個々の関係や重複などについて際立った誤りがある訳ではないが、発掘区全体の遺跡地に占める位置が丁度5m北にずれて記録されてしまったことである。これは、第五次の調査ではじめて判った極めて初歩的なミスであった。

　昭和36年の第二次発掘調査では、計6基の竪穴住居址を調査した。この調査でも17号址の調査の過程でやはりミスが出ていた。一つは、住居址の南側の調査が完全でなかったこと、その結果、重複を見落してしまった。それから、住居址の実測の過程で計測の計算ちがいから17号址が全体として特に東西で小さく記録されてしまっていた。さらに、18号と19号の関係では、18号址の貼床の下に隠されている19号址の北側を調査しなかったことなどが指摘される点である。

　また、第一次・第二次の調査をはじめ、この頃の調査の一般的な傾向としては、住居址の検出に力を入れ、というよりは、それが主眼であって、屋外の土壙とか配石・石組など重要な施設の調査や研究に目がとどかないという致命的な欠陥もあった。そのことは、ただ、調査面積が狭いということだけでなく、調査自体が研究不足というのか稚拙であったことは辞めなかった。

　しかし、第一次・第二次の古い時代の調査も、悪い面ばかりでは決してなかった。この頃の調査結果を基礎として確立した縄文時代中期末葉の編年は、今もって、その大綱は磐石である。ただ、一型式の継続時間と部分的に多少の過ちが認められる程度で、これらは、今次調査の成果から修正されるものである。

(2) 調査の経過

調査の動機

　曽利遺跡は、第一次・第二次の調査によって、八ヶ岳南麓地方における縄文時代中期を代表する極めて重要な遺跡であることが立証されたのであった。ところが、それから数年を経ずして、曽利遺跡一帯を買収してワインの原料ブドウ園を造成するという話題がもち上ったのである。＜中略＞

　この話を伝え聞いた地元では、意見が二つに別れてしまった。一つは、大会社が来れば村の発展のために良いことだ。と考える人々があり、片方、これまで発掘に参加して、遺跡の重要性を身をもって体験した人々のなかには、とんでもないことだ。俺とこの祖先の残してくれた大事な遺産を東京くんだりの人間に荒されてたまるか。と当時としては極めて素朴で

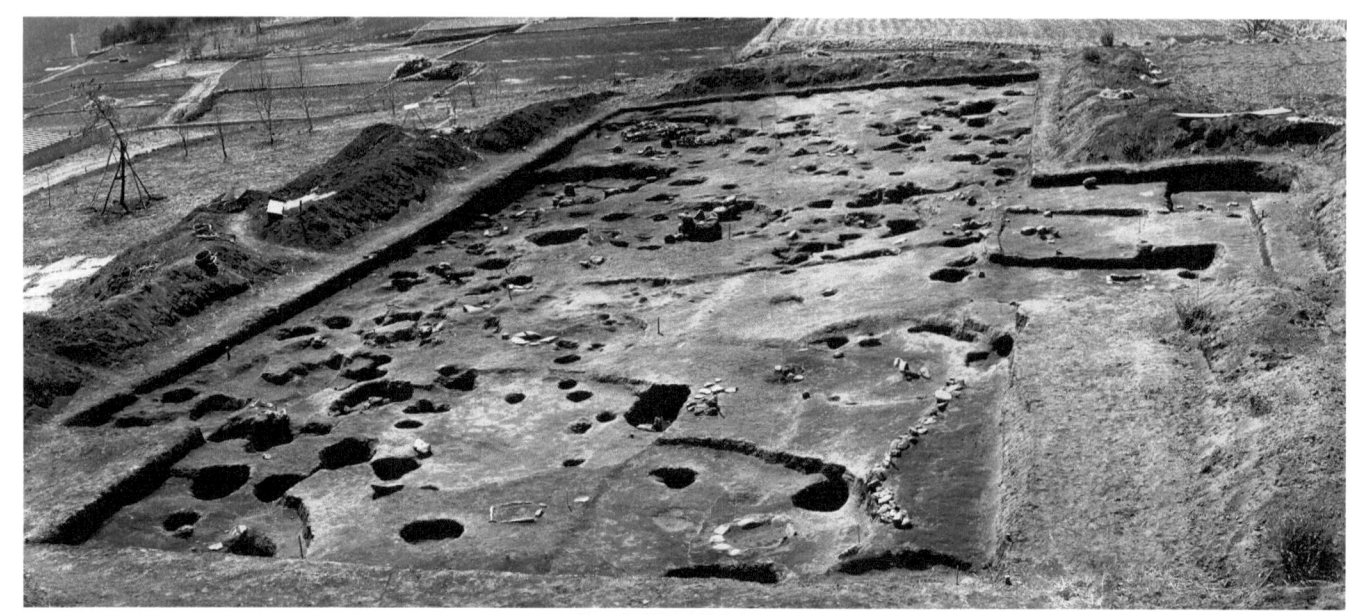
第五次発掘遺構全景1

郷土愛的な保存に対する芽生の声が上ったのである。
　こうした保存に対する住民の声は、すでに相当の力をつけていた保存団体である井戸尻遺跡保存会の手を通じて町当局を動かす原動力となったのである。当時、丁度これまでに発掘した資料を収蔵展示する施設の建設地の選定に苦慮していた町当局としては、条件的にも、まあまあだし、ということで俄に町で買収することに決定したのであった。
　ところが、いざ買収となると個人の財産権の問題があって仲々思うに任せなかった。しかし買収の趣旨に賛同してくれた功刀郁郎・平出藤陽・平出憲治の三氏の協力により遺跡の中心部の約5,700mを取得することができた。この買収によって遺跡の無計画な破壊は免がれることになったが、それからが大変であった。即ち、収蔵庫の建設、県道からの進入道路の拡張，区画の整理、考古館の建設と続く一連の事業による事前調査となったのである。これらの事前調査は、前後3回にわたって行なわれたのであったが、調査の規模がそれまでの調査とは比較にならない程大きく、出土遺物も莫大な量に達したのである。これらの遺物の整理と施設の建設をはじめ、新たな調査の出現などによって報告書の作成が思いのほか手間取ってしまった。
　当初の計画では、調査の年次別に単独の報告書を作成する予定であったが、それもたがわず、そこで第三次～第五次の3回分の調査の結果を一括して報告することとなった。したがって、資料が莫大な量のため、世間一般的な報告書の形態をとることが出来なくなった。そこで、本報告書では、発掘日誌は省略し、発掘の経過および方法等についても、なるべく簡略化して検出された遺構と遺物を主体に調査次ごとにまとめることにした。

第三次の調査
　井戸尻考古館の建設は発掘資料を収蔵する施設として収蔵庫の建設から着手された。この整地工事に先だって実施されたのが第三次の調査である。
　第三次調査は、昭和44年3月18日から4月3日までと、4月20日から23日までの2回にわたって本調査を行ない、その後、工事途上における確認調査を含めて延25日を費やした。調査は富士見町教育委員会が主体となり、井戸尻遺跡保存会の協力と諏訪地方在住の研究者・大学生高校生など多くの人々の協力により多大な成果を収めることができた。

第四次の調査
　この調査は、井戸尻考古館建設の目安がついた昭和47年11月の21日～30日までの10日間行った。それまで、曽利遺跡に通ずる道路は巾員2m程と狭く、普通車と耕運機がやっと通れる程度の農道でしかなかった。考古館の建設工事はもとよ

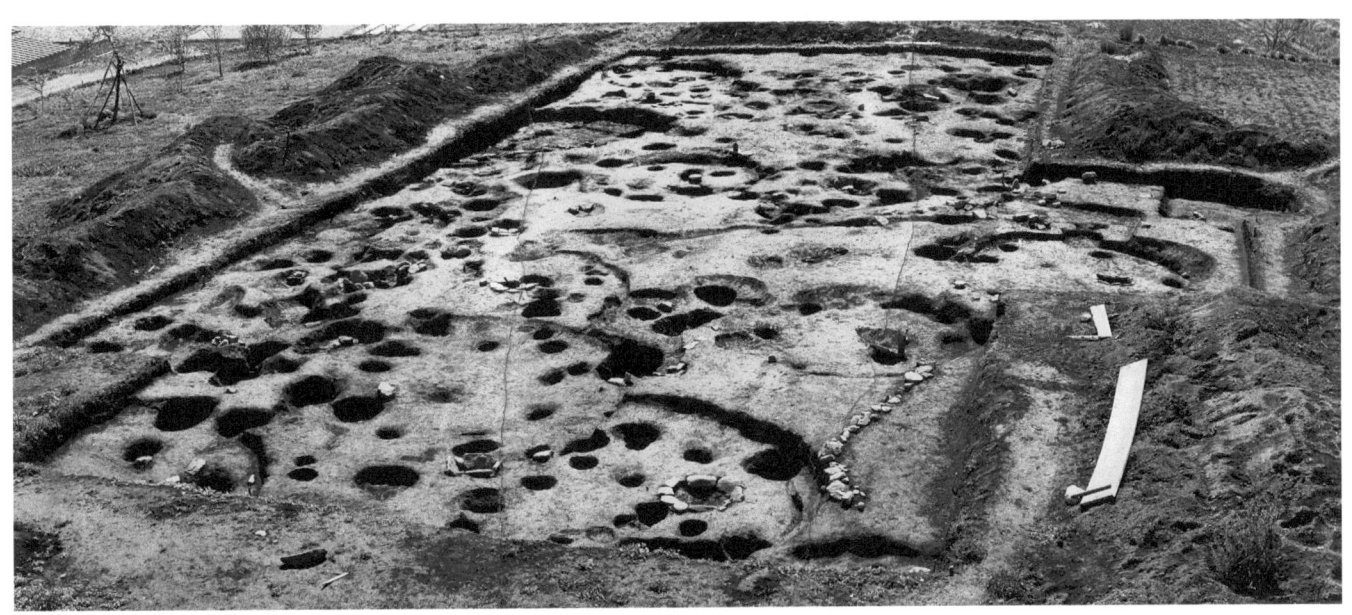

第五次発掘遺構全景 2

り、博物館の機能上この道路の拡張は不可欠となり必要最少限度の調査に踏切ったのである。
　調査は、第三次と同じく、富士見町教育委員会が主催し、井戸尻遺跡保存会・高校生などの協力を得て実施した。

第五次の調査

　この調査は、井戸尻考古館の本館建設に伴う事前の調査として実施することになった。本館は建坪約560㎡の広さを有するため、第三次～第五次調査のうちでは最大規模のものとなった。しかし、建設予定地内には、すでに第二次調査によって発掘済みの部分があったので、実質的には多少の余裕を持って調査したが建坪と同程度の面積を - 調査するにとどめることができた。

　調査は、昭和48年3月11日から4月2日までの22日間を本調査の期間とし、4月3日から7月30日までの4ヶ月間を費して精密な調査と実測を行なった。

　調査に当っては、富士見町教育委員会がこれを主催し、井戸尻遺跡保存会の協力はいうに及ばず、広く、諏訪地方の研究者・大学生・高校に呼びかけて協力を得ることができた。また、今回の調査では、地元池袋区の農家の主婦を主体に一般からの参加を求める方法をも取入れることにした。

　その結果、発掘区の相当に広い範囲を同時に掘下げて調査することが可能となり、耕作による攪乱の多い遺跡における遺構の相互関係を把握するのに大変好都合であった。ただし発掘の当初においては、不慣れのための掘過ぎや遺物の記録の点で多少の不備はいたしかたなかった。しかし、第一次・第二次調査の時点よりはるかに良かったと思われる。

　今回の調査での最大の収穫は、数多い遺構や遺物の発見でも、編年上の問題点の解明でも何でもなくて、この調査に参加した農家の主婦の皆さんが、埋蔵文化財の重要性に目覚めてくれたことであった。　　　　　　　　　　（武藤雄六）

曽利遺跡第4号〜第32住居址とその出土物について

藤森栄一編『井戸尻』(1965)及び富士見町教育委員会調査報告書『曽利』(1978)より

1. 第3・4号住居址[*1]

　われわれが第一次の調査で最初に手がけたのが、第4号住居址であって、幸いにもこの住居址は廃絶以来、全く攪乱されることなく、完全な状態で埋没していた。さらに、これは後になってわかったことであるが、曽利の最古の型式として完形土器7個を温存していてくれたため、以降の住居址編年のための基準にすることができたのは、かさねて稀れにみる幸運といわなければならない。なお調査のはじめに当たっては、この4号竪穴周辺部の表土直下から、中期初頭の土器片数点、中期中葉の土器片、さらに曽利Ⅲ式土器片十数点が検出されたので、4号はその時期の住居址と推定して作業を進めていたのであるが、床面近く様相が一変して、曽利Ⅰ式土器の優品が床面に立ったまま遺存し、或は横たわったまま続々と出現してきたわけである。

　中央に五つの岩石と2個の凹石からなる炉址F4を中心にした、ほぼ正円の竪穴住居址で、柱穴は八本柱らしく思われる。そして、もっと注意すべき所見は、北壁上のローム層に、中心に向かって斜めに掘り込まれた半月形の垂木孔の並列が発見されたことである。北西面の壁高は40cmにおよび、東南面の壁はほんの少し高い程度になっているところをみると、この家は北面の寒気をさけて、高い壁と地面にとどく屋根が深々とふかれ、南面はやや開放的に出入口になった、ほぼ円形の円錐型家屋を考えていいかと観察された。

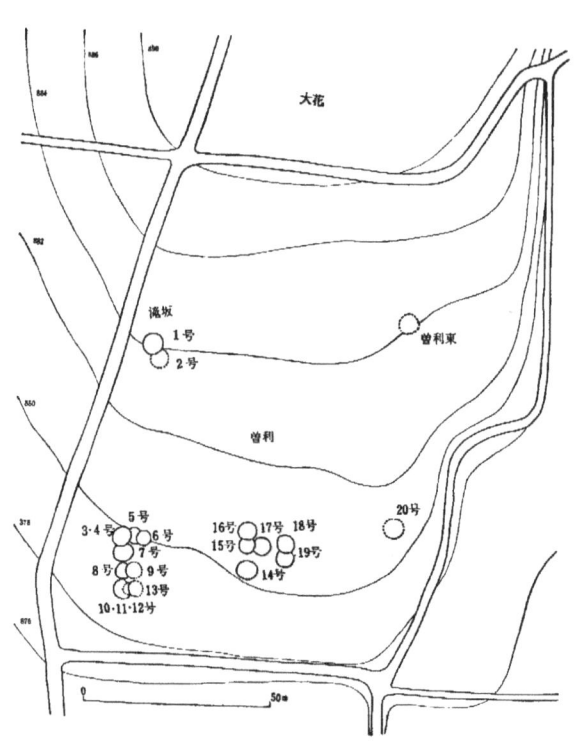

第1図　曽利住居址分布図

　ところでF4に接して、F3が約4〜5cm埋れて検出された。第4号竪穴は7個の土器セットに代表された単一相の住居址と思い込んでいたので、これは少々ショックだったが、清掃してみると、F3は三辺を4個の石で、一辺は20cm角の三枚の井戸尻Ⅲ式土器片で形成されていることがわかった。つまり、第4号が築造される時、第3号は破壊され、F3は埋め立てられ、床面から掻き出された井戸尻Ⅲ式およびそれ以前の土器はこわされて竪穴外に破捨されたのであろう。そして、その一部は第4号住居址の廃絶後、その埋土の上に流れ込んで、はじめに説明したような年代的逆層をみることになったのだろうと思われる。

　つまり、第3号住居址を最古として、その上に曽利Ⅰ式と呼ぶ一つの基準資料ができたわけである。第4号住居址出土の完形土器計7点。他破片7箱。

(藤森栄一)

1　藤森栄一編『井戸尻』(中央公論美術出版　昭40、P.40)

2. 第29号住居址[*2]

本址は、28号址の北東5mに位置する。堆土の状態は28号址の場合と同様であり、遺物の遺存状態まで酷似していた。

遺構は、径約5mの円形を示す。側壁は、北が高く南は低いが北壁の一部に約15cm床面より高い土壇があってその部分だけ外に張出している。側壁と床面は、いずれも堅固であった。

炉址は、中央やや北寄りに7個の河原転石を用いて方形石囲炉としている。深さは床面から17cmで焼土は13cmの厚みをもっていた。

柱穴は、深さ50cm以上が6個所、30cm台が2個と二通りあったが、その組合せは未検討である。

住居址内の施設としては、土壇とその中央に立石がある。この立石は、高さ35cm位の角柱状を示し一面に擦痕と凹部が3個所ある脆い千枚岩であった。また、東側のP7とP8の柱穴間には、口縁部を欠損した台付土器による埋甕が設置されていた。

遺物は、炉址の北側に大小2個の釣手土器が据置かれていた。これらは、いずれもロームの床面より3cm上った生活面に置かれていたもので、大形の57（人面香炉形土器）は使用時のまま直立し、小形の58（香炉形土器）は横転していた。　また南壁近くには凹石が、炉址辺の生活面からは曽利Ⅰ式の完形土器1点と多くの破片がみつかった。

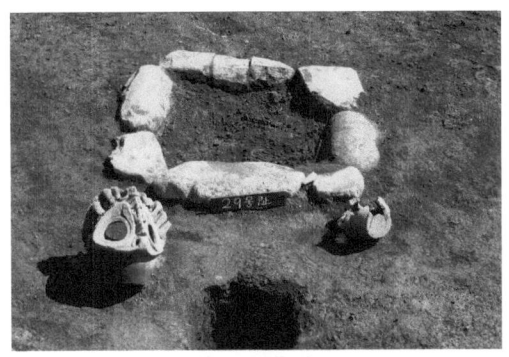

第29号住居址

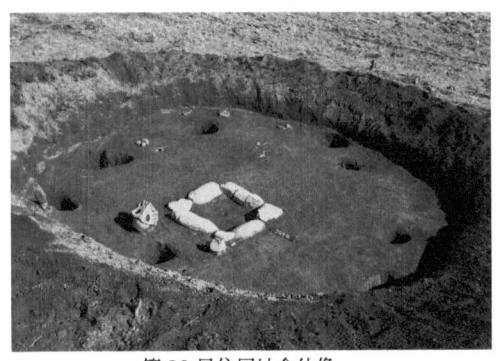

第29号住居址全体像

本址は、曽利Ⅰ式期の住居址であるが、その終末期に埋甕手法が侵入したもので、埋甕の存在という最も新しい特異性を示している。また、本址は、すべての施設や大小2個もあった釣手土器などから推して、勿論、一般的な住居であるはずもなく祭祀を司る特殊な建物であったことに疑う余地はなかろう。（宮坂光昭）

3. 第30号住居址[*3]

本址は、第8区の調査によって確認された住居址で、南東を25号址によって切られ、西側の1/3ちかくを22号址に掘取られ、さらに北側の一部は34号址に貼床されていた。また、西南部には近世の攪乱が相当に大きく認められた。

遺構は、径5～5.5mのほぼ円形を示し、北側にのみ側壁が認められた。中央には、攪乱部に接して安山岩の転石3個を組んだ後の時期の土壙が掘込まれ、埋甕炉に使われた土器が崩落していた。30号址の炉の位置を示している。この東0.5mの土壙の中には完形土器2個が遺存していたほか、22号址中の貼柱穴にも本址の土器が残されていた。

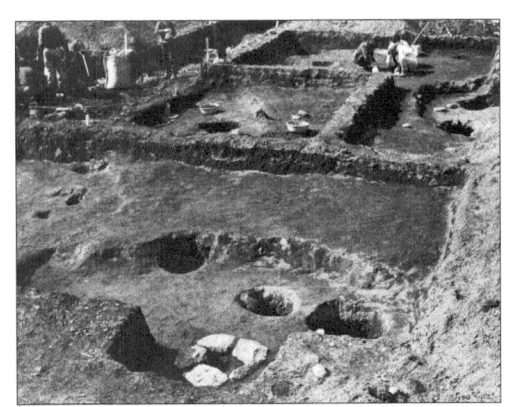

第30号住居址

その他、本址の床面上には柱穴以外のピットが中央部に集中していて、本址の廃絶後に小形の住居址が存在した可能性と、本址の貯蔵穴との性格が考えられ判然としない。

柱穴は、P1～P5の5柱穴であったろうが、25号址に貼られた下の2個所のピットは柱穴よりも貯蔵穴と考えるのが適切

2　富士見町教育委員会編　『曽利』（昭53　P.19）
3　富士見町教育委員会編　『曽利』（昭53　P.20）

と思われた。土器の観察結果から本址は、九兵衛尾根Ⅰ式期のなかでも比較的新しい要素の時期に属すことが判明した。

（高林重水・宮坂光昭）

4. 第32・42号住居址[*4]

この2基は、収蔵庫の敷地から外れていたが、耕作中に完形土器が発見され、住居址の存在が確認されていたので、今次調査で改めて調べてみることにした。住居址内における堆土の状態は最も典型的であった。表土の耕作土が約20cm、暗褐色の逆三角堆土が20～30cm、褐色の三角堆土が30cmに及び地表下70～80cmで床面に達する。

表土中からは、縄文式土器に瀬戸物まで混在していた。また、三角堆土は二層あり、上層からは底部の欠損した曽利Ⅰ式土器が、下層からは、井戸尻Ⅲ式の完形土器3点などがそれぞれ層位を違えて投込まれていた。

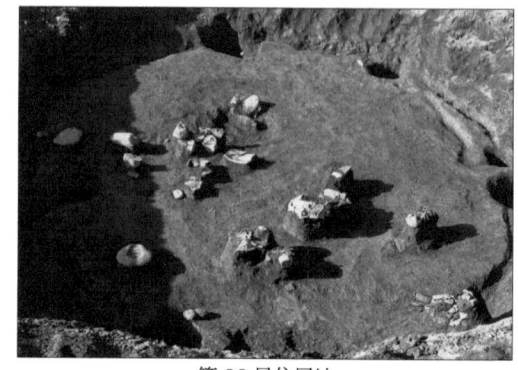

第32号住居址

三角堆土の上面は、床面から、入口部で10cm、奥壁で20cmの面上が含炭第32号住居址層で生活面を示していた。その上に約10cmの褐色土が覆い堆積の過程を如実に示していた。遺物の大多数は、この生活面上にあり、完形土器の1点は壁上で横転し将に転落しそうな状態におかれていた。

遺物の遺存した生活面から床面までの間には、遺物がほとんど無く、側壁直下の床面上に九兵衛尾根Ⅱ式土器の破片少量と、1～2点の石器がみられたのみであった。

遺構は、南の出入口の落込みを除いて高さ約40cmのロームの側壁が全周する。平面形は5.5m x 5.2mの卵形を示し床面は全体に堅く水平を保っていた。

炉址は、中央やや北寄りにあり深さ10cmの舟底形に掘られた地床炉に近い状態であった。焼土は約5cmであったが、炉の北側には焼石5個があり、本来、石囲炉であったのが、生活面の上昇で変化したものであろう。

遺構の周囲には柱穴を結んで周溝が全周していた。東側部分のように二重周溝の存在する個所もあり、外側の周溝には径5～7cm、深さ5cmの小穴が連なっていた。

また、この周溝の外縁は床面より5～10cm程高く、巾10～50crnの平なテラス状の段となっている。東側のテラスには柱穴と、九兵衛尾根Ⅰ式の新しい土器片があり、P4およびP7の重複した柱穴から他の住居址の存在を認め、これを本址に切られた42号住居址とした。

32号址の柱穴はP1～P5までの8柱穴8角形が想定された。

遺物は、住居の遺構が完全であったのに対応するかのように豊富であった。土器は完形並に器形の判別できるもの17点と多くの破片および顔面把手などがあった。（長崎元広）

5. 土壌の調査[*5]

曽利第11号土壌

調査した土壌は、主として屋内のものが多かった。これは、調査区がちょうど、住居専用地域と思われる場所がらであったものと考えられる。遺構は、土壌が10個所に及び、当初は住居址の存在を予知していたのであったが、住居址にはならなかった。これらの土壌中からは、7・9・11・13を主体にして九

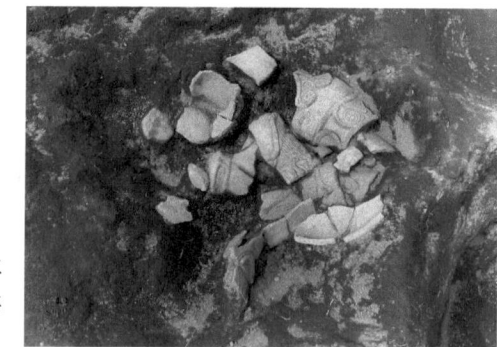

第11号土壌

4　富士見町教育委員会編 『曽利』（昭53　P.21）
5　富士見町教育委員会編 『曽利』（昭53　P.24）

兵衛尾根Ⅰ式土器の小破片とともに打製石器8点、石匙様の石器類4点、凹石3点の他剥片石器4点などが検出された。

曽利第14号土壙

　土壙のうち、41号址の東0.8mの14の中には、平担な底面に安山岩の河原転石を据え、その上に完形土器9（深鉢）を置き、その傍に底部の欠損した土器を添え磨石を伴っていた。この状態は貯蔵穴とは考えられず、むしろ、一種の呪術的な祭祀の場と考えるのが良さそうであった。

（武藤雄六）

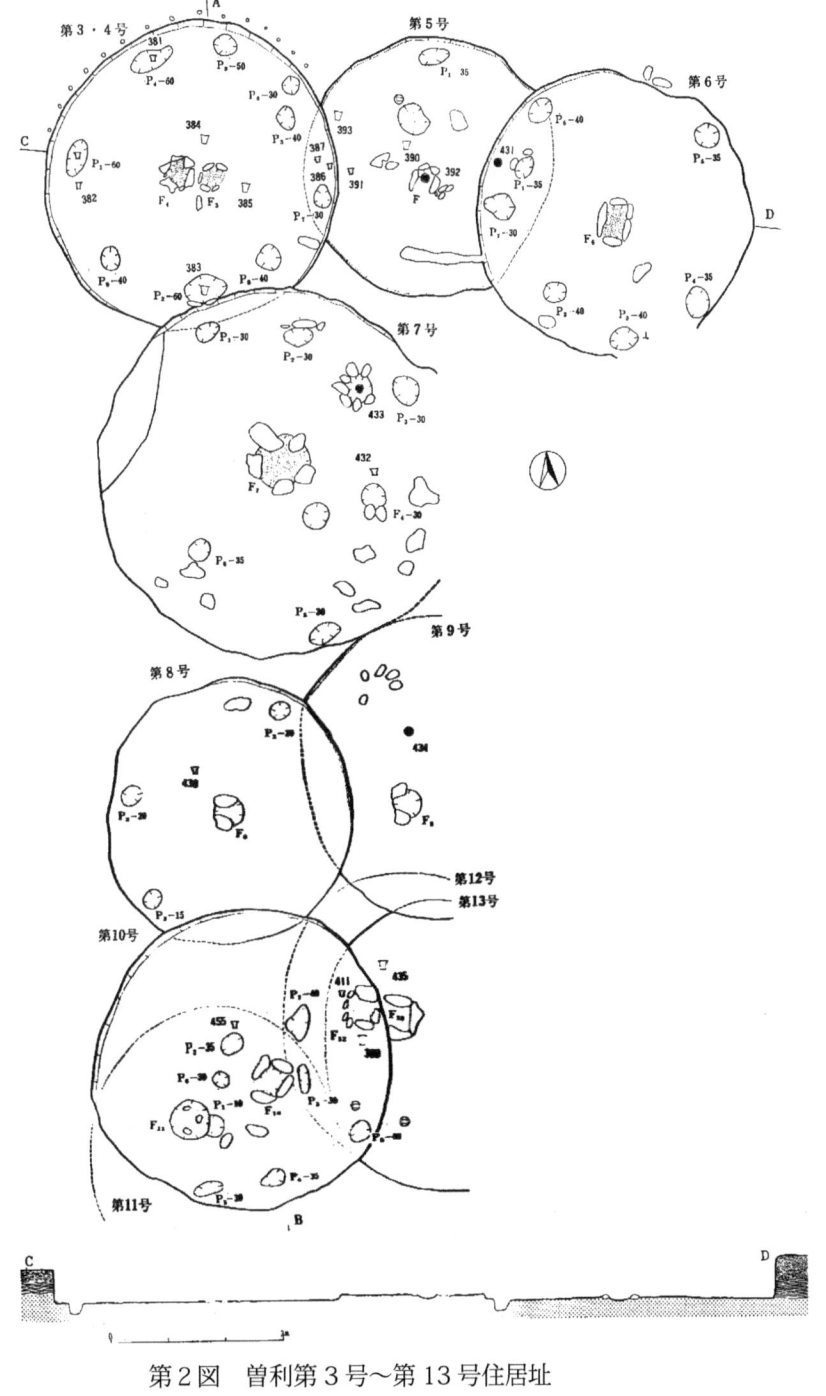

第2図　曽利第3号〜第13号住居址

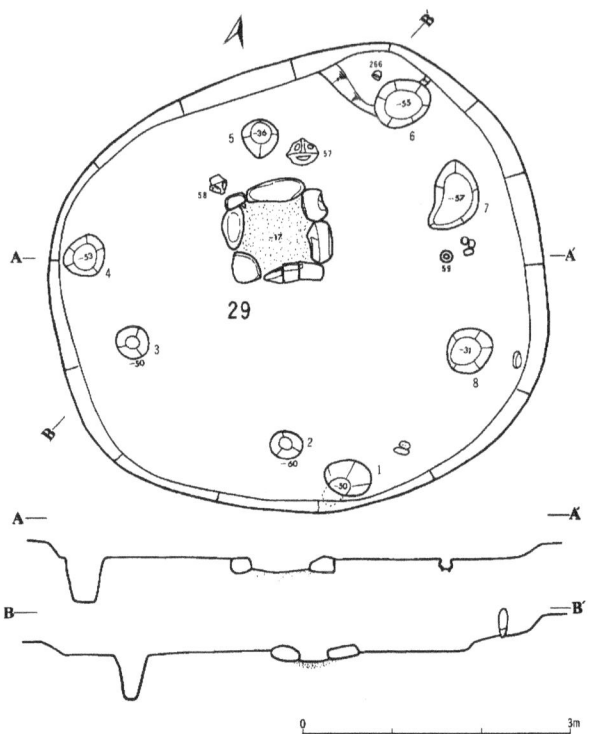

第3図　曽利29号住居址

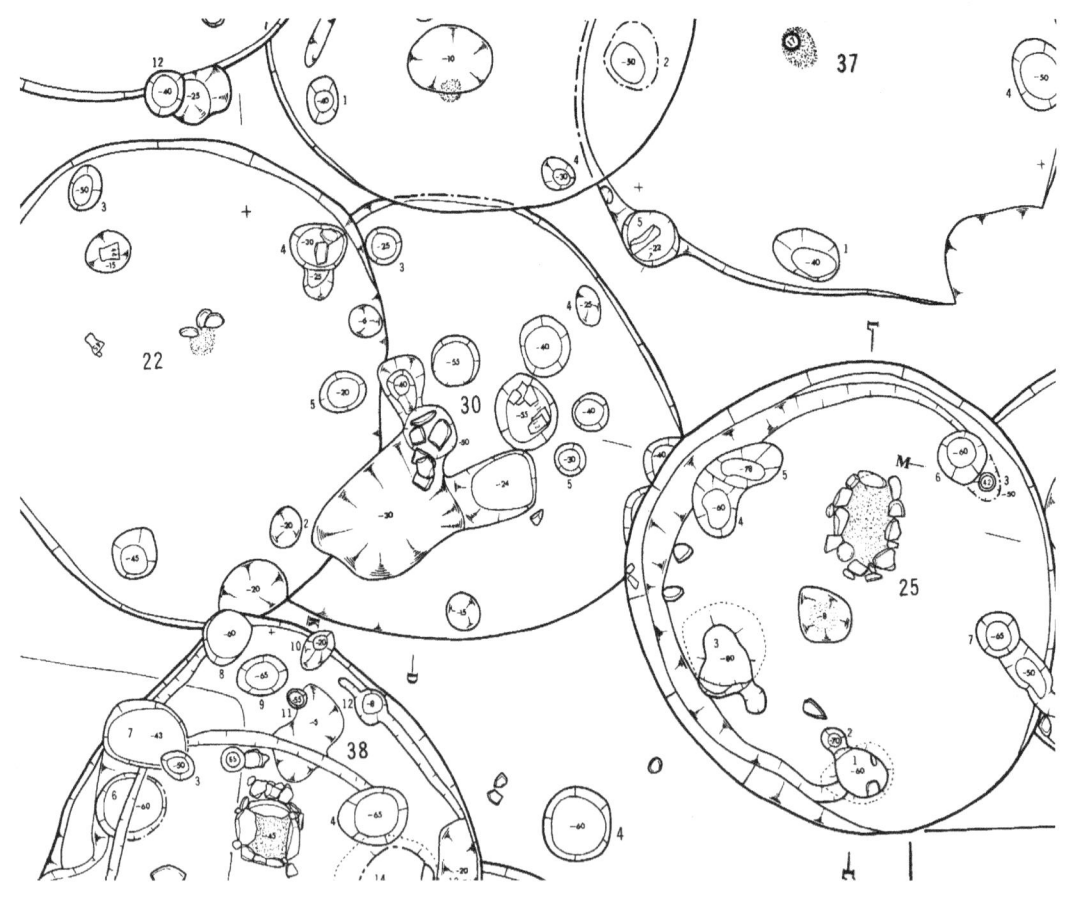

第4図　曽利22・30・25号住居址

曽利遺跡第 4 号～第 3 2 住居址とその出土物について

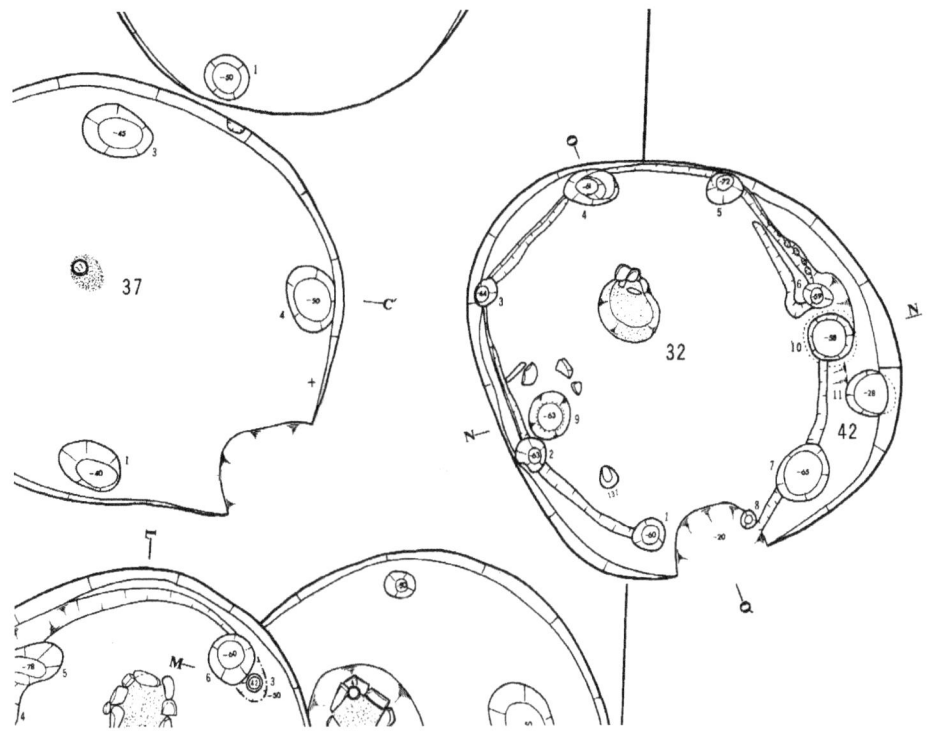

第 5 図　曽利 32 住居址

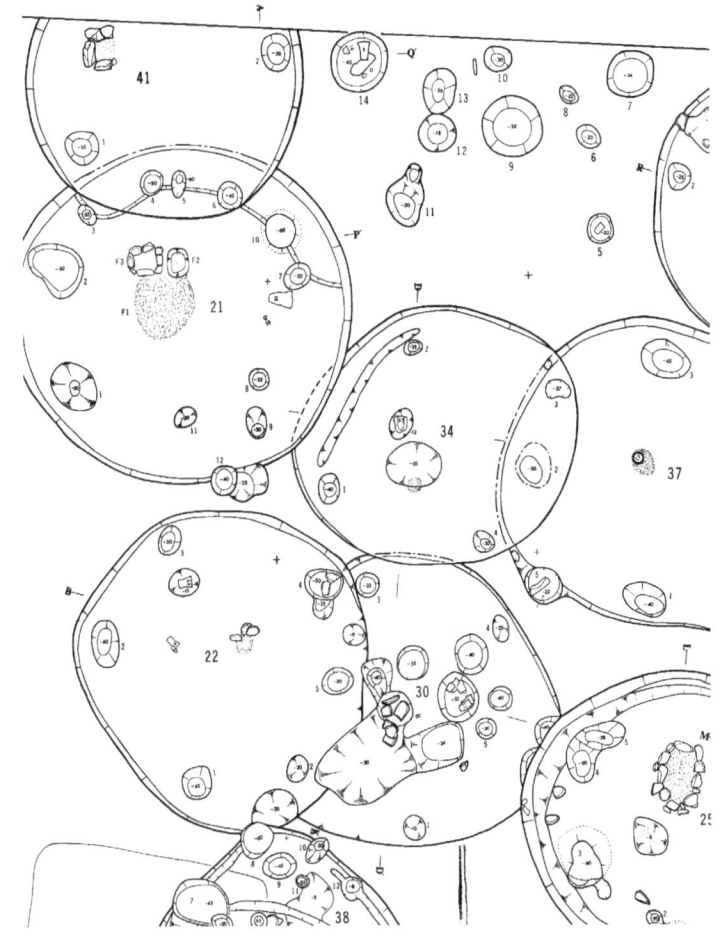

第 6 図　曽利 30 号住居址・11 号・14 号土壙

図　録

水煙渦巻文深鉢（すいえんうずまきもんふかばち）
曽利遺跡（そりいせき）
曽利Ⅰ式
曽利第4号住居址
昭和35年（1960年）　発掘
縄文中期中葉
約4400年前
43.3cm（高さ）, 37.5cm（口径）
井戸尻-P102, No.384
ID-040

　この水煙渦巻文深鉢と次にあげる渦巻文深鉢は、渦巻文大把手付土器の一種であるが、仮りに把手の素晴らしさを無視し、土器本体の文様の構成についてだけみれば、キャリパー形深鉢に装飾が施された例というにすぎない。とはいえ、この二個の土器の豪華さは、一言の歎美なしに通るわけにはいかない。

　おそらくは、二個とも同じ製作者によって作られた可能性が濃厚であるが、きわめて簡粗な胴部の上に、ほとんど奇想天外に近い、雲竜というか、水煙というべきか、くねりながらせり上っていく曲線のもつ無限の量感は、いったい何と形容したらいいだろうか。そこには、何の具象もなく、抽象もない。ただ、思うがままに、自由に、天空に向かって巻き上っているだけで、一寸の逡巡も、また瞬時の停滞もない見事さである。もちろん一切のデザインを脳中に組み立て、それが熟して、一瞬にカンバスの上に爆発するのでなければ、おそらく、こんな線の伸びは絶対に生まれてこなかったであろう。

　そうした頭でっかちの附加物をつけながら、しかも一向に不安定を感じさせない不思議なスタビリティをもつこの土器は、井戸尻における最高の作品といっても過言ではない。

（藤森栄一）

　図像論的には大いなる陽（日）の気と大いなる陰（月）の気を表し、いくつかの円孔は、その発生源である日月を表すものと思われる。

（井戸尻考古館 小松隆史）

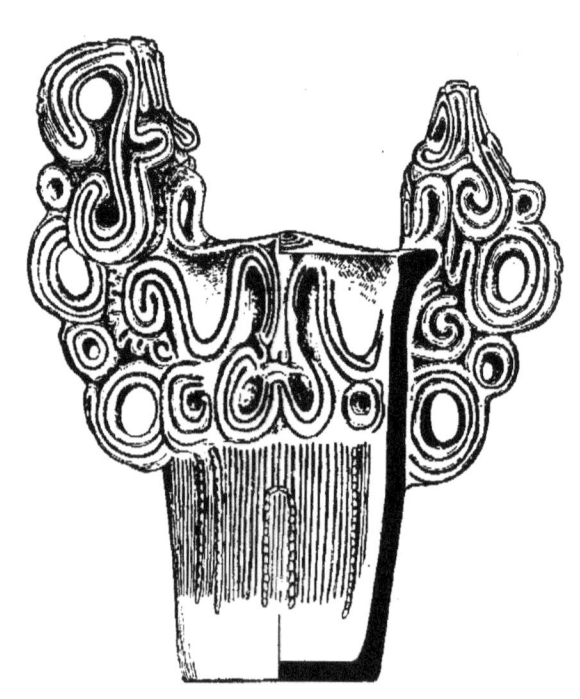

水煙渦巻文深鉢（すいえんうずまきもんふかばち）

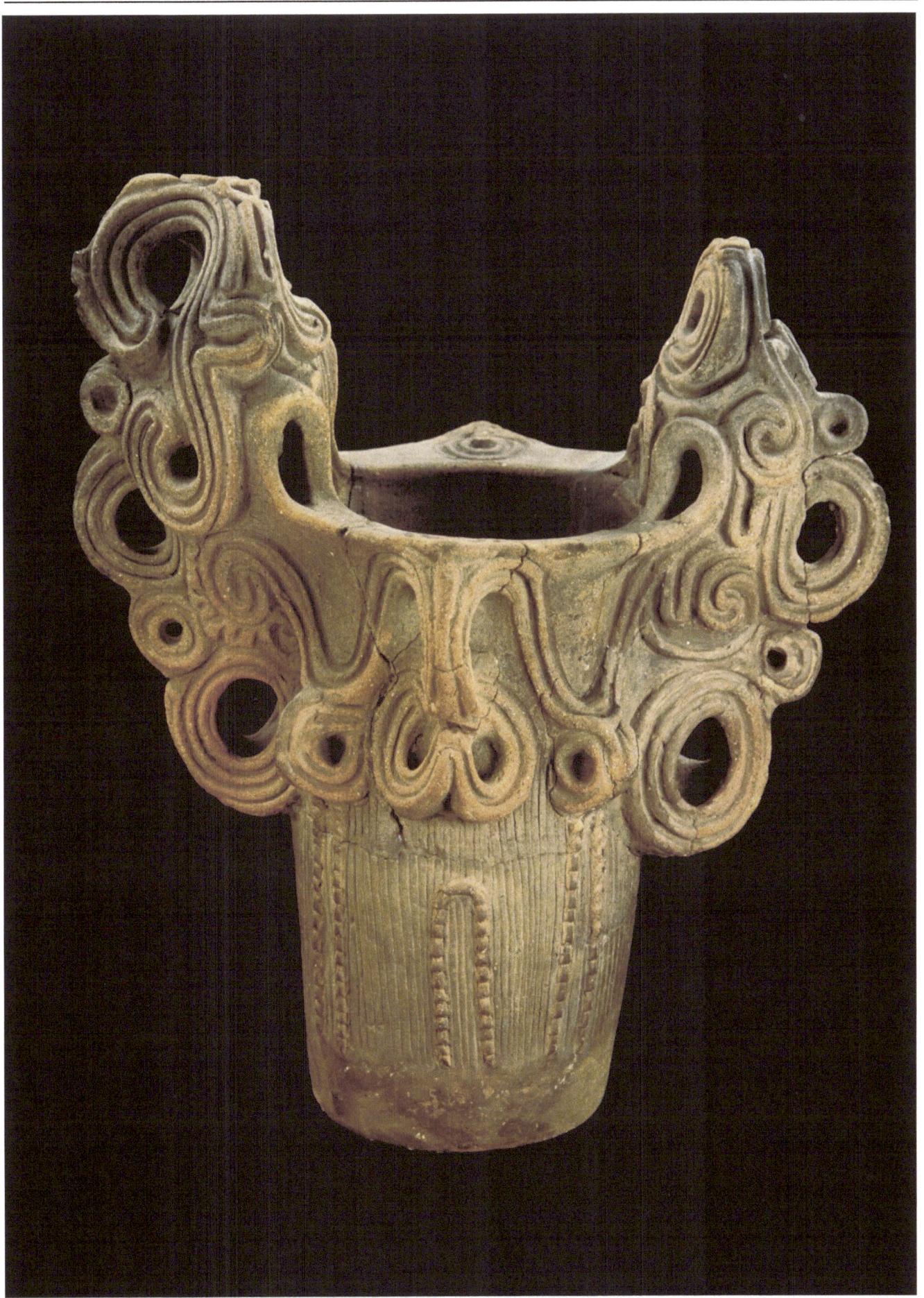

水煙渦巻文深鉢（すいえんうずまきもんふかばち）

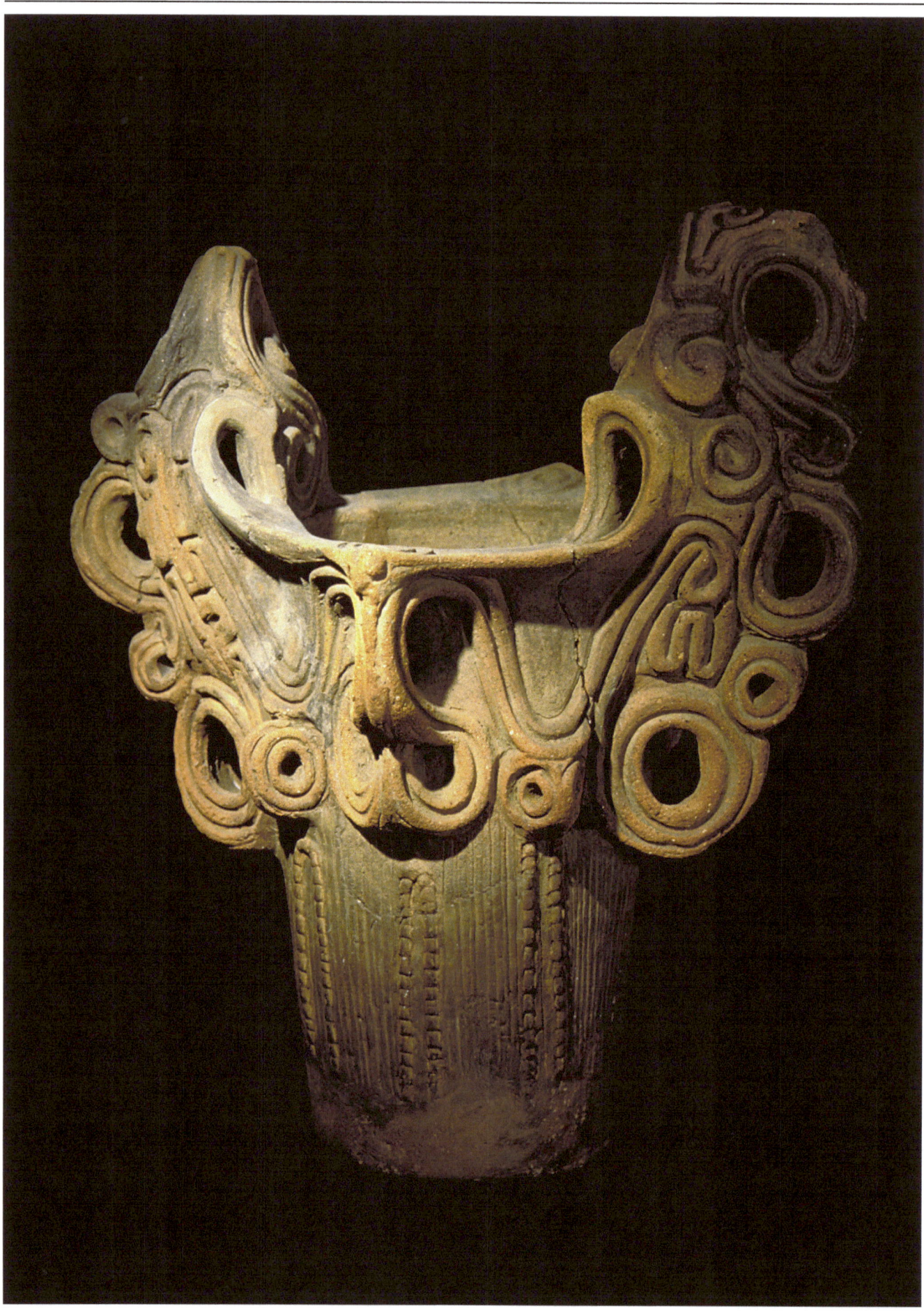

水煙渦巻文深鉢（すいえんうずまきもんふかばち）

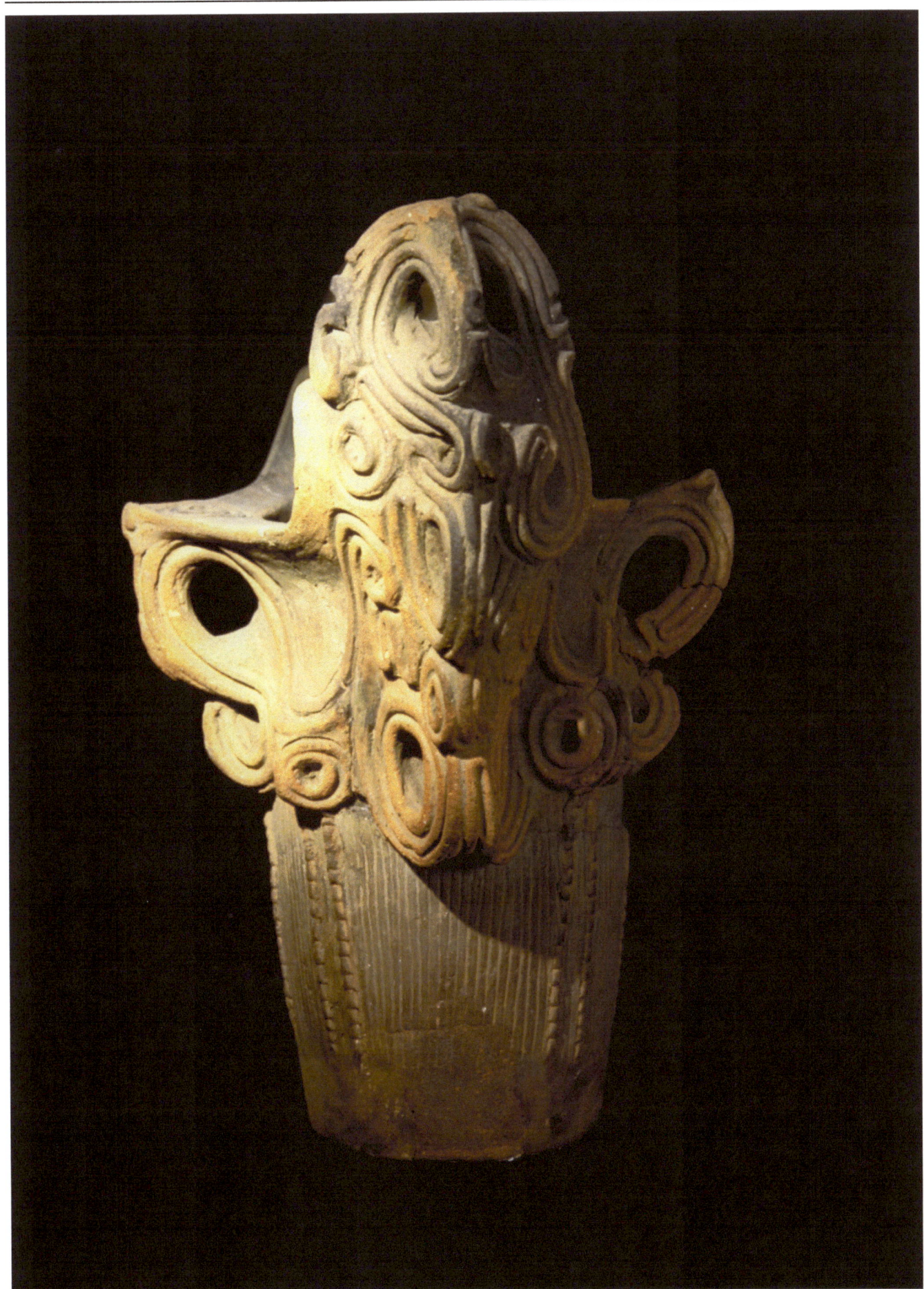

渦巻文深鉢（うずまきもんふかばち）
曽利遺跡（そりいせき）
曽利Ⅰ式
曽利第4号住居址
昭和35年（1960年）　発掘
縄文中期中葉
約4400年前
36.7cm（高さ）, 28.7cm（口径）
井戸尻-P102, No.385
ID-041

　水煙渦巻文深鉢とならび、このような渦巻文大把手は、しばしば、把手だけの破片としては知られていたが、土器の本体からはなれていたので単に勝坂式大把手ということで片づけられてきた。曽利4号で、はじめて主体に附着し、その正しい編年位置が想察されることになったのである。この種の土器は、今のところ、曽利4号住居址を中心に、なお三例が知られている。曽利18号、狢沢2号、立沢2号の各住居址からの出土例である。ここでとくに注意すべきことは、曽利18号と曽利4号とは全く同時期の住居址で、しかも同じ丘陵上で50メートルとは離れていないことである。
　ここで重要なことは同じ時期にごく近くでかなり似通った土器の製作が行われ、しかもその中に比較にならぬほどに技術の優劣があり、またアイデアの模倣、または流行らしいものがあったということである。こうしたモチーフは、決して一時期に各個人にわいてくるものでなく、一つの傑出した造型がこうした形で流行していくのではないだろうか。縄文土器の各期の型式が、ほとんど一斉に全国に行なわれている様相の縮刷版とも考えられる。
　　　（藤森栄一）

　この渦巻文深鉢に見られる一対の透かし彫りの大きな渦巻きの造形もまた、水煙渦巻文深鉢のそれのように陰陽（日月）の気を表徴するものなのだろうか。また大きく立ち上がる造形もさることながら、その下端部，器面をぐるりとめぐる空洞に、何か深い意味がありそうである。
　　　　　　　　　　　　　　　　　　　　　　　　　　　　　　　　　　　　（井戸尻考古館 小松隆史）

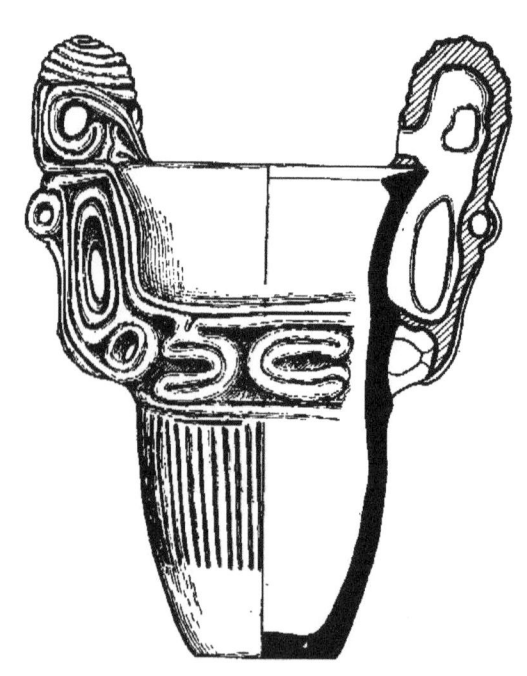

渦巻文深鉢（うずまきもんふかばち）

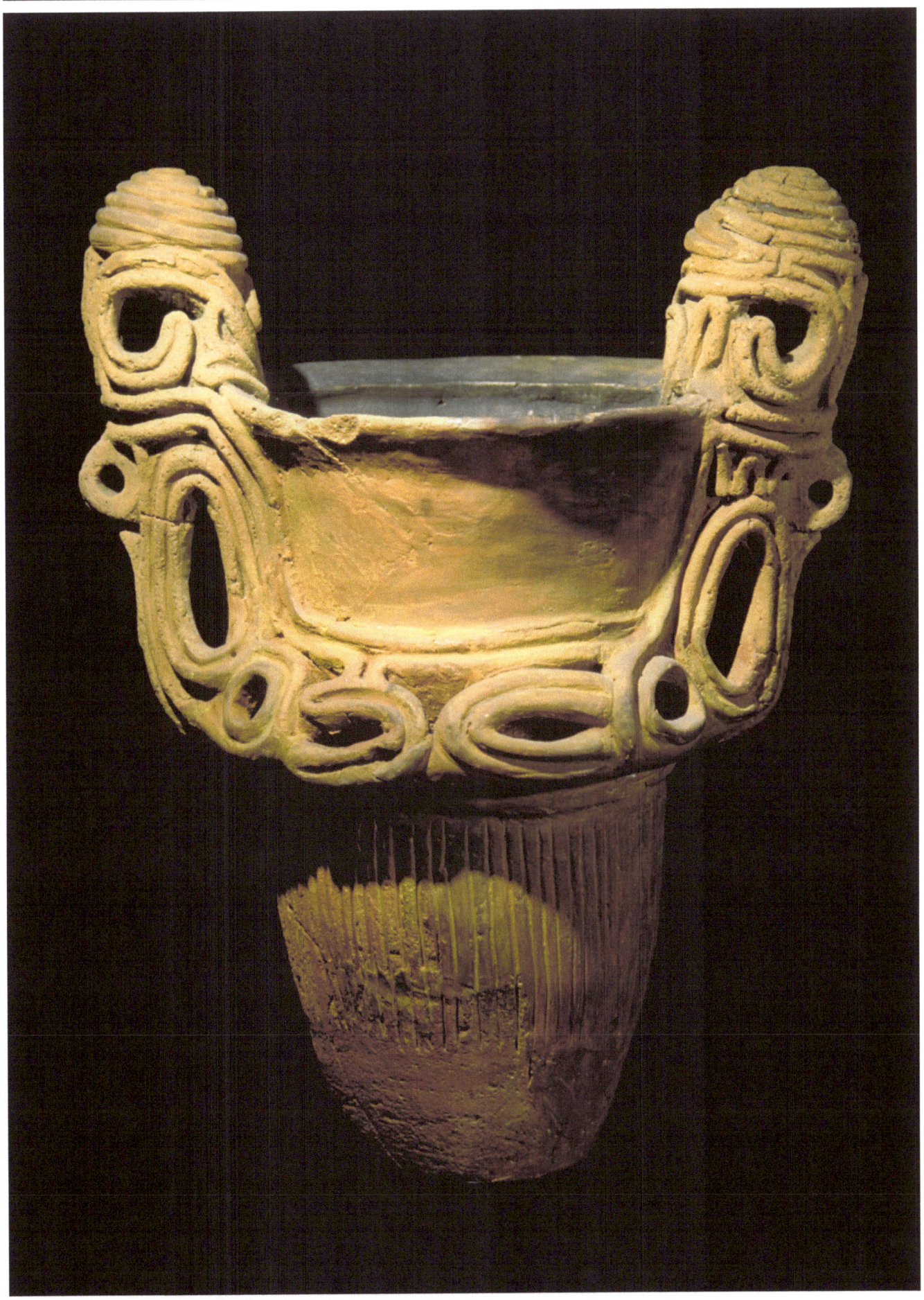

渦巻文深鉢（うずまきもんふかばち）

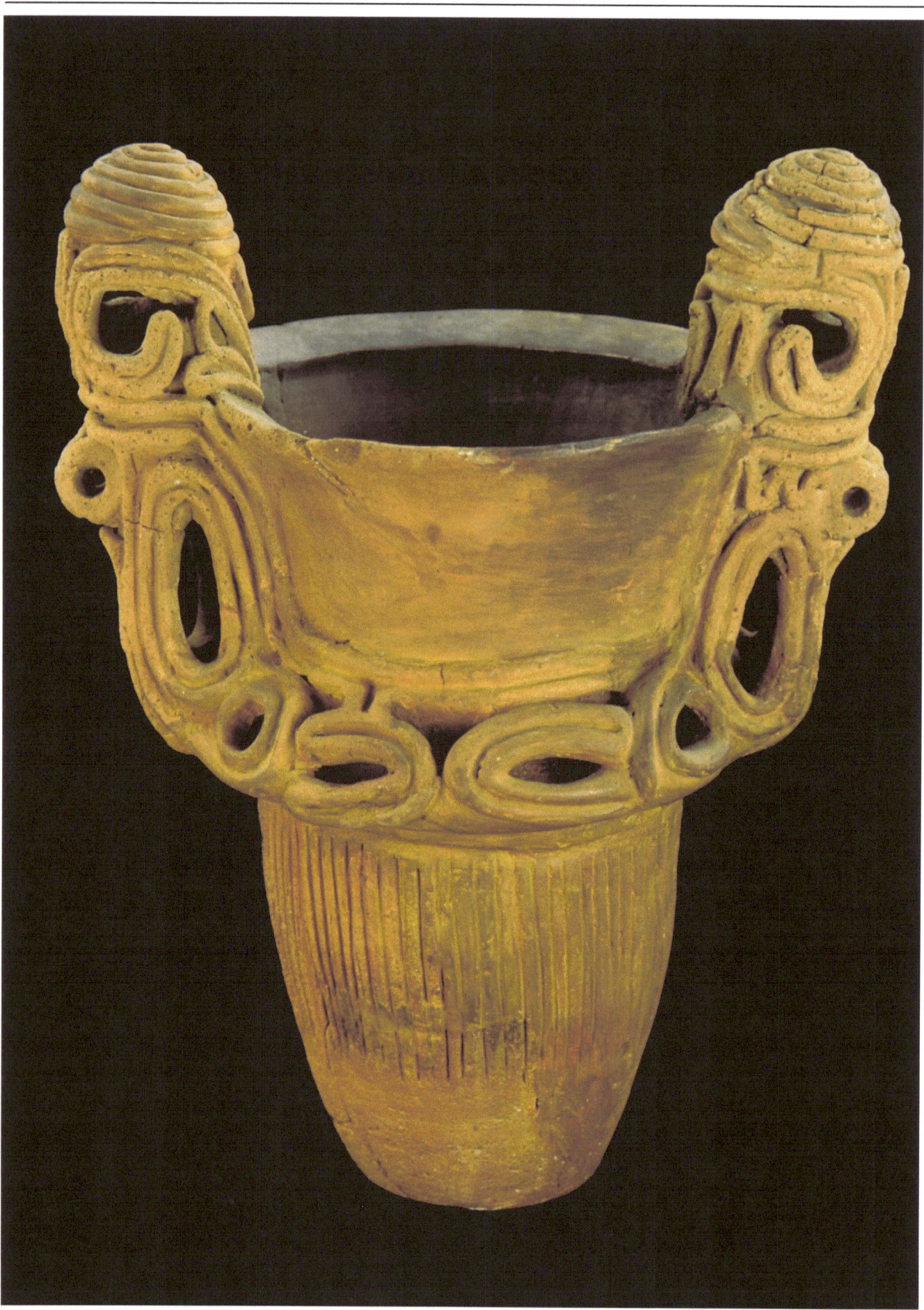

渦巻文深鉢（うずまきもんふかばち）

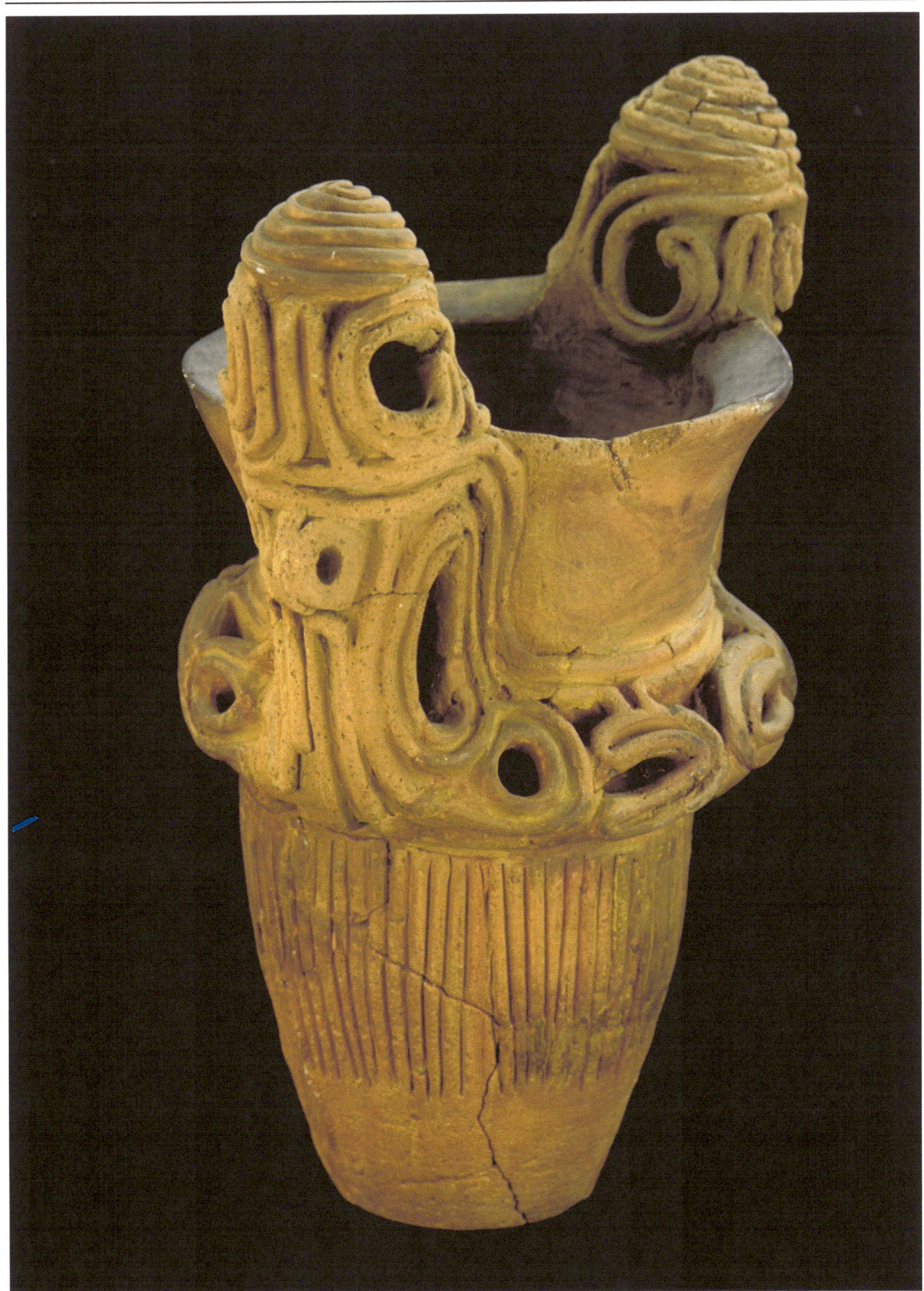

素文内湾口縁深鉢（そもんないわんこうえんふかばち）
曽利遺跡（そりいせき）
藤内Ⅱ式
曽利 11 号土壙
昭和 48 年（1973 年） 発掘
縄文中期中葉
約 4600 年前
55cm（高さ）, 29cm（口径）
曽利-P184, No.125
ID-060

　素文口縁の優美な深鉢。煮炊具。土壙の底に押しつぶされるように埋まっていたことから副葬品の可能性もある。低い屈折底から立上った胴部はすらりとのび、素文の口縁がふんわりと開いて内弯し、渦巻文の捩把手が立つ優美な深鉢である。
　上胴部は渦巻文の区画帯で仕切られ、山形に廻した隆帯で分けられた胴部の上半は平行竹管文が引かれて下半は素文のままおかれている。底の屈折部に横帯区画文が配されるのは藤内Ⅱ式の施文要素である。
　器壁はきれいに仕上げられ暗褐色の上半部に対して下半は橙褐色をして、内壁の底に近い一部に焦げつきが認められた。
　　　　　　　　　　　　　　　　　　　　　　　　　　　　　　　　　（小林公明）

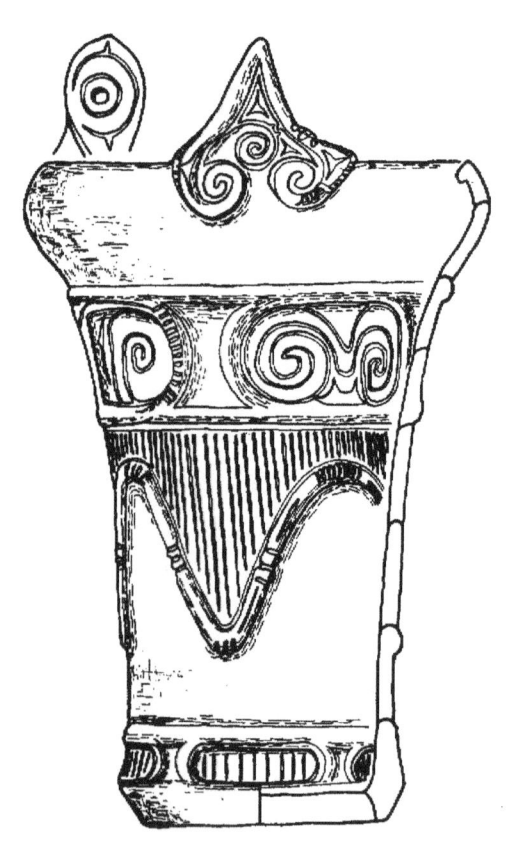

素文内湾口縁深鉢（そもんないわんこうえんふかばち）

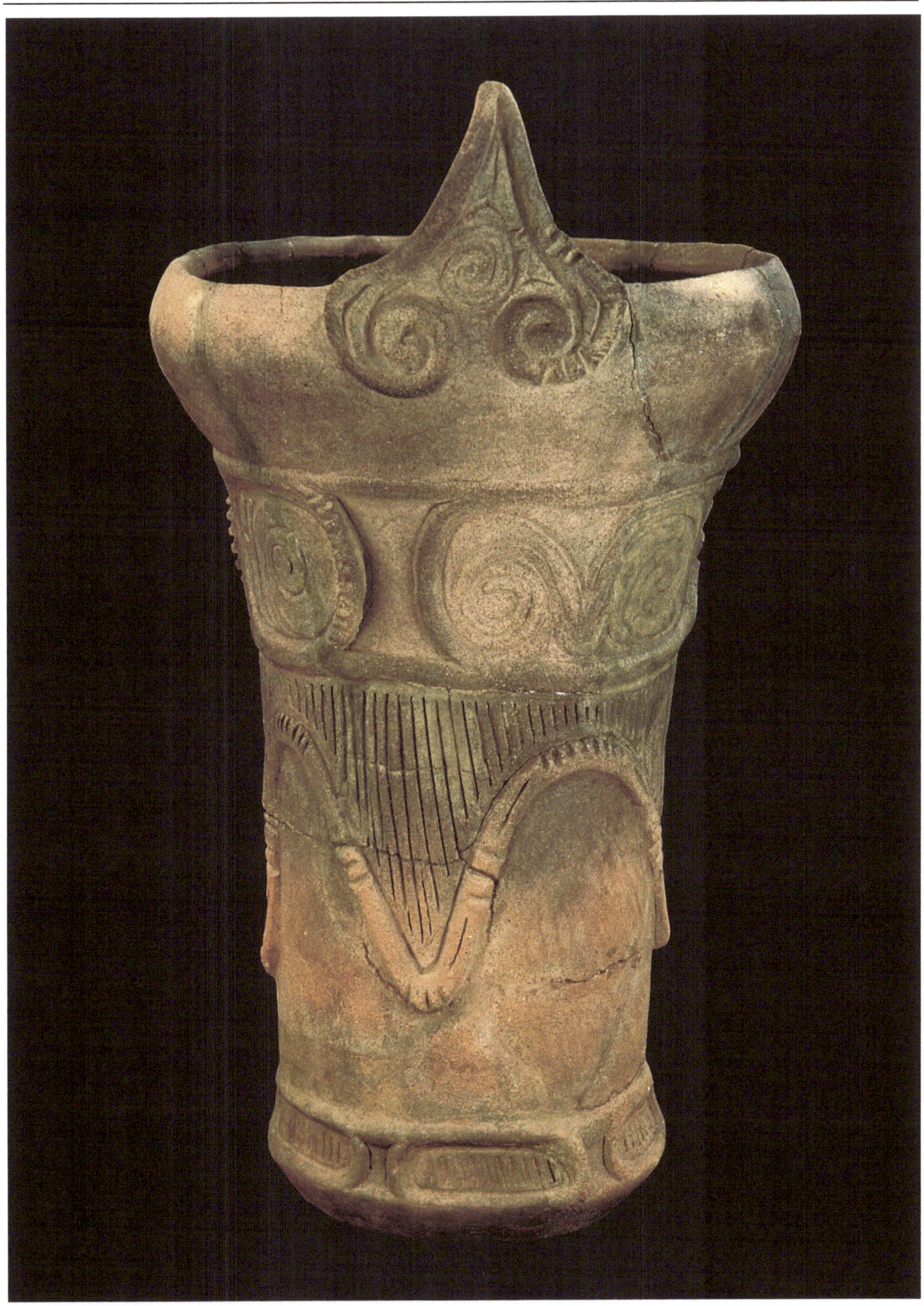

素文内湾口縁深鉢（そもんないわんこうえんふかばち）

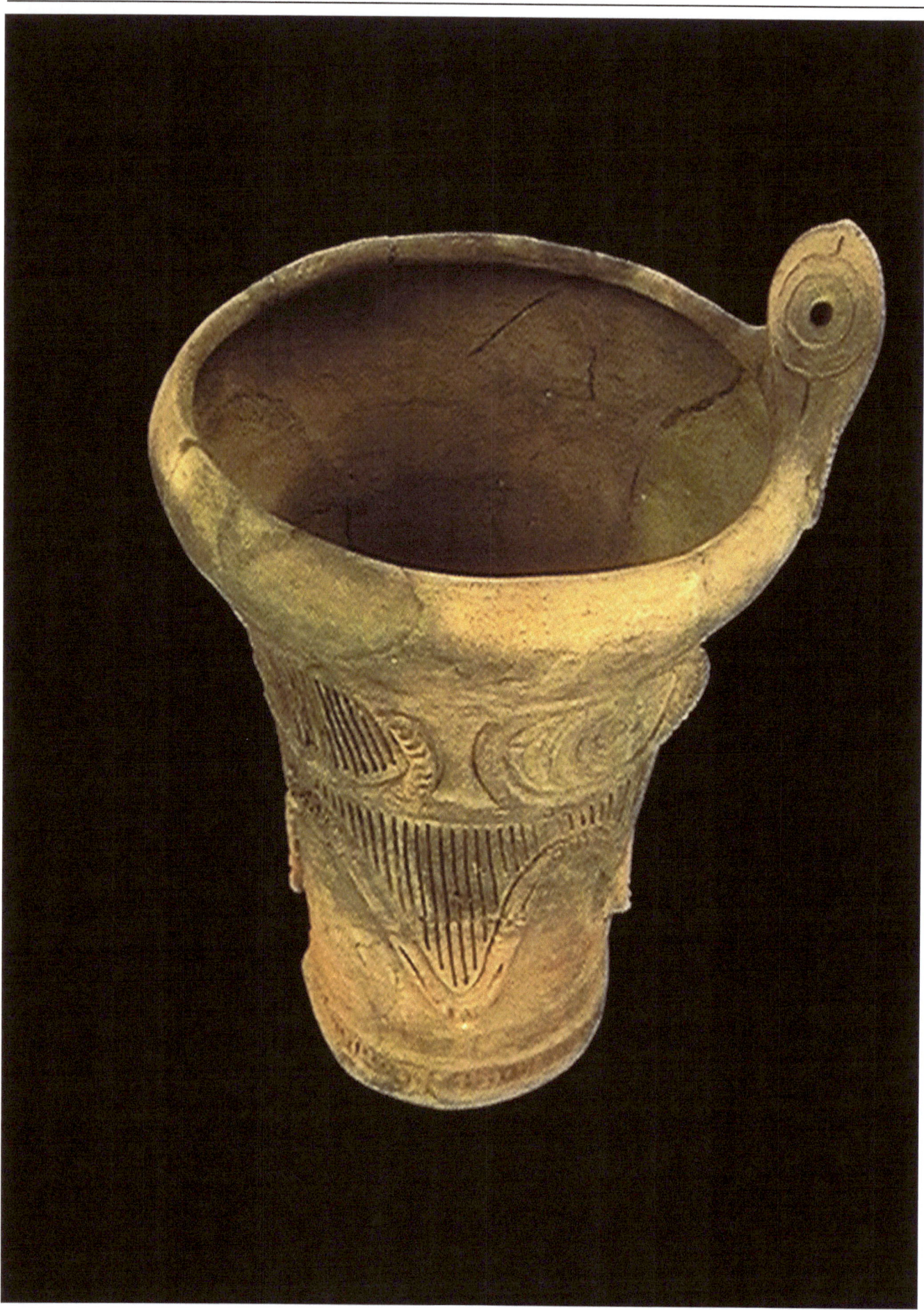

素文内湾口縁深鉢（そもんないわんこうえんふかばち）

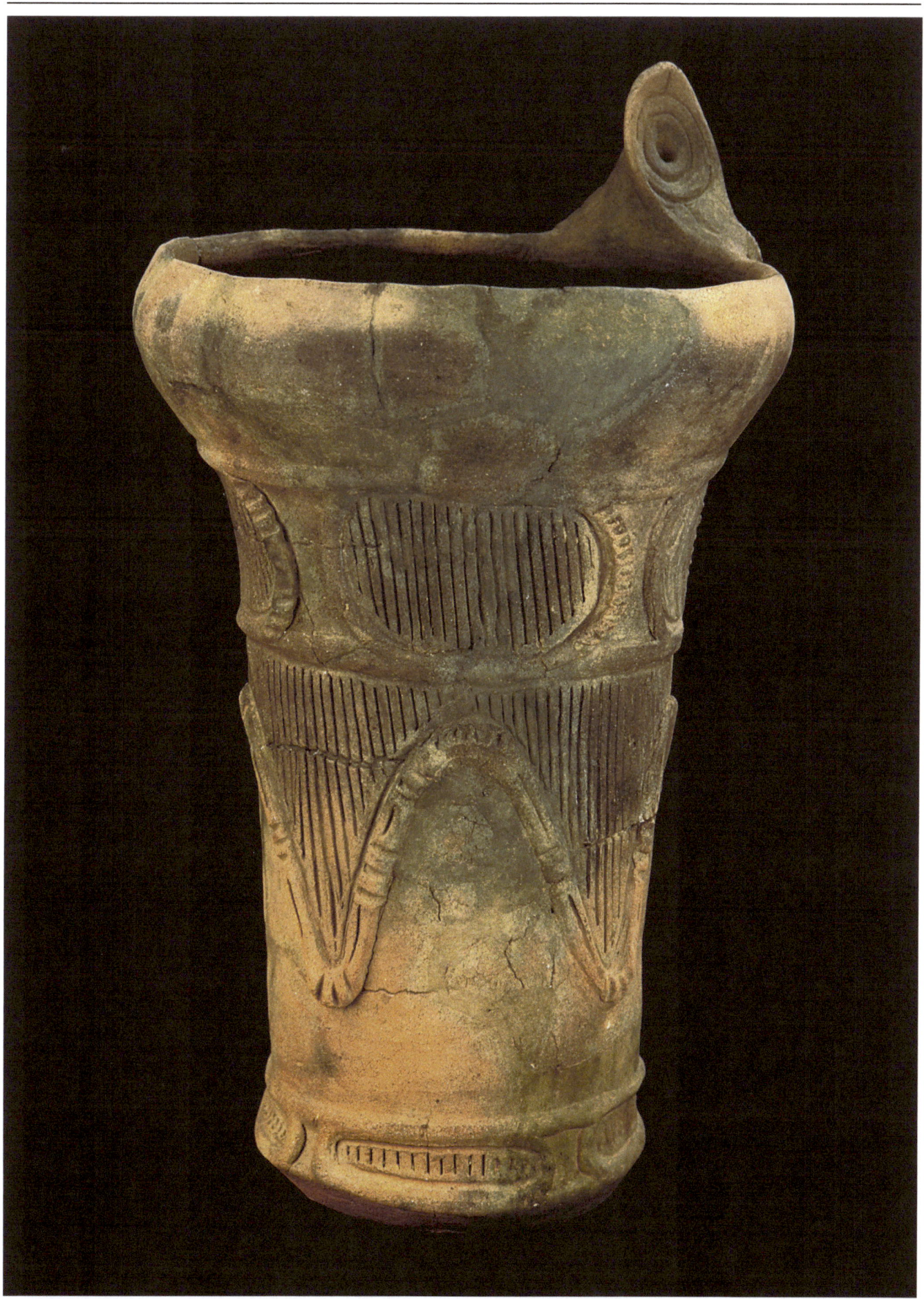

29

深鉢（ふかばち）
曽利遺跡（そりいせき）
九兵衛尾根Ⅰ式
曽利第 14 号土壙
昭和 44 年（1969 年）　発掘
縄文中期初頭
約 5000 年前
34.5cm（高さ）, 26.9cm（口径）
曽利 -P60, No.9
ID-005

　この深鉢は連続沈線を主体としているが、浅く雑然とした印象である。施文は口縁と上胴部に集中している。そのうち、三角連続刻文は、口唇、頸部、胴中央の 3 本があり、文様帯の区切りのアクセントとしてつけられている。

　これらに区切られた各文様帯にはそれぞれ特徴があり、踊場式と呼ばれていた一群の土器の伝統を引くものであろう。この土器には、頸部に頭状の突起をもつ結節隆帯が 4 本懸垂し、蛇体文の原形を形成している。

　焼成は、黄褐色で良好であり、雲母を多く含む粘土でつくられているため、光にかざすとキラキラと反射する。外壁の上部に煤が附着し、内壁の下方に炭化滓が附着している。煮炊き用と推定される。

（武藤雄六・井戸尻考古館 小松隆史）

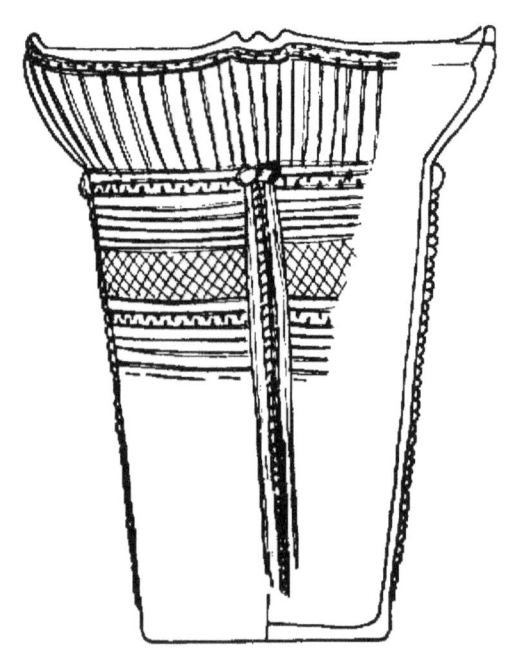

深鉢（ふかばち）

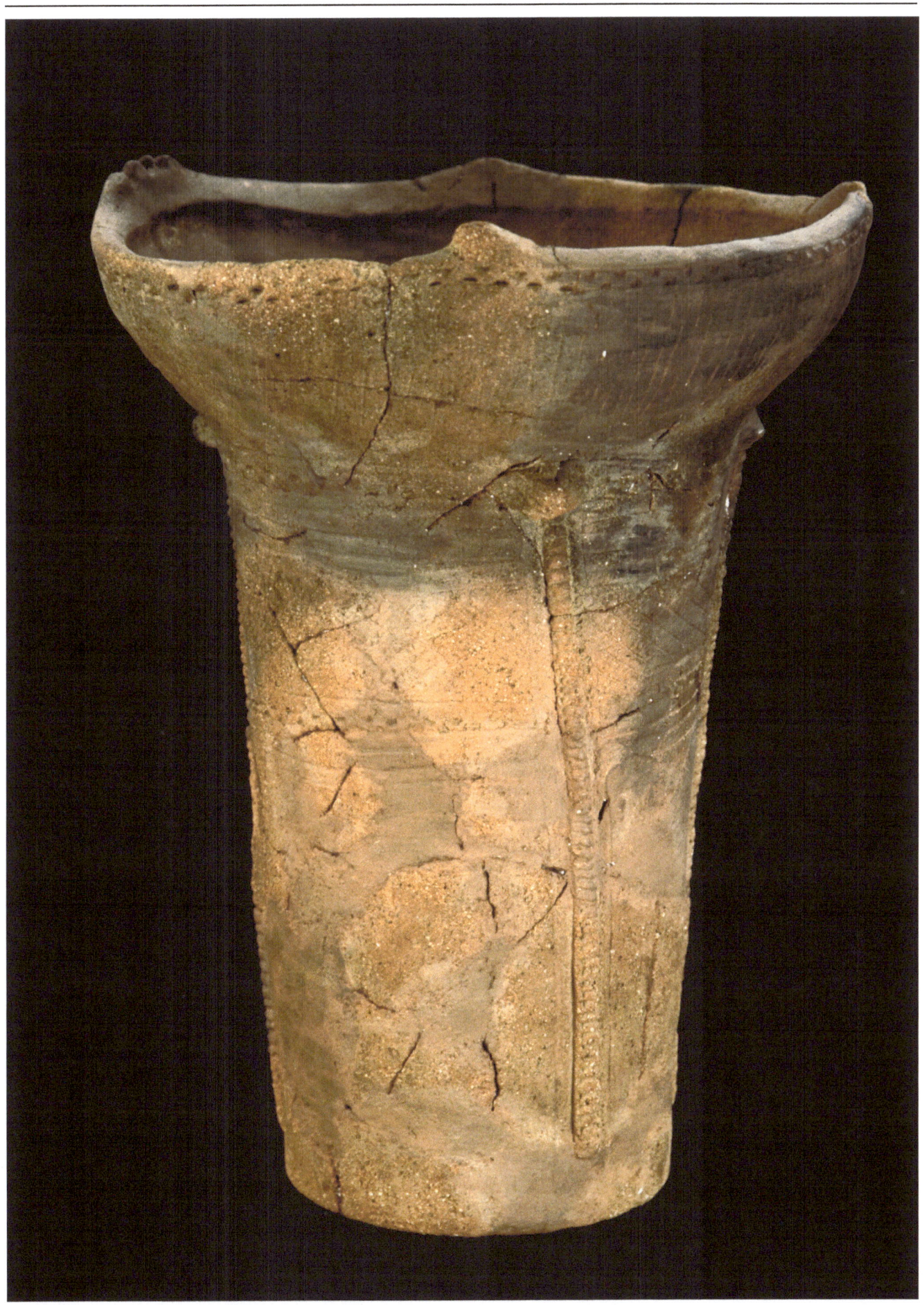

深鉢（ふかばち）

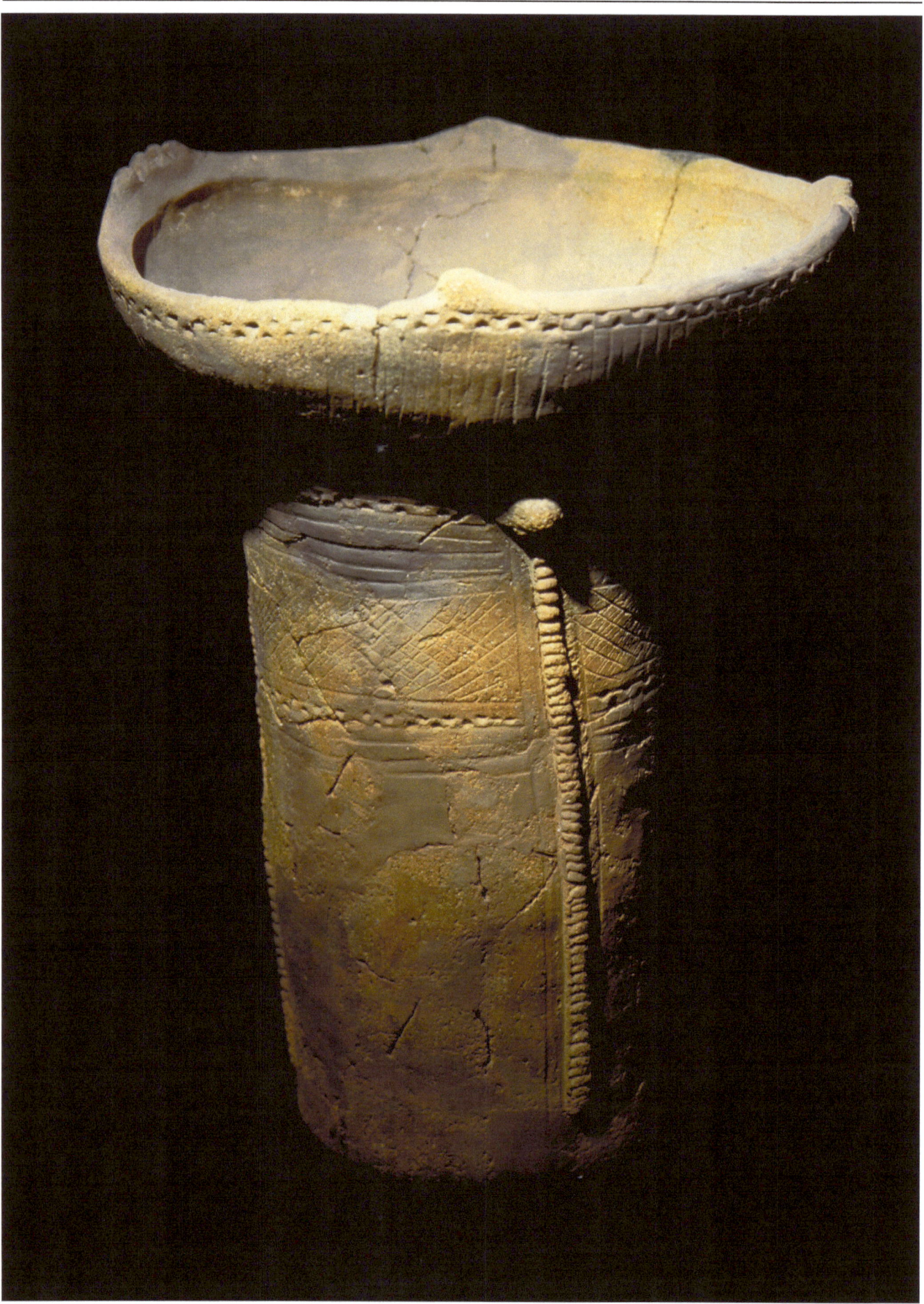

深鉢（ふかばち）

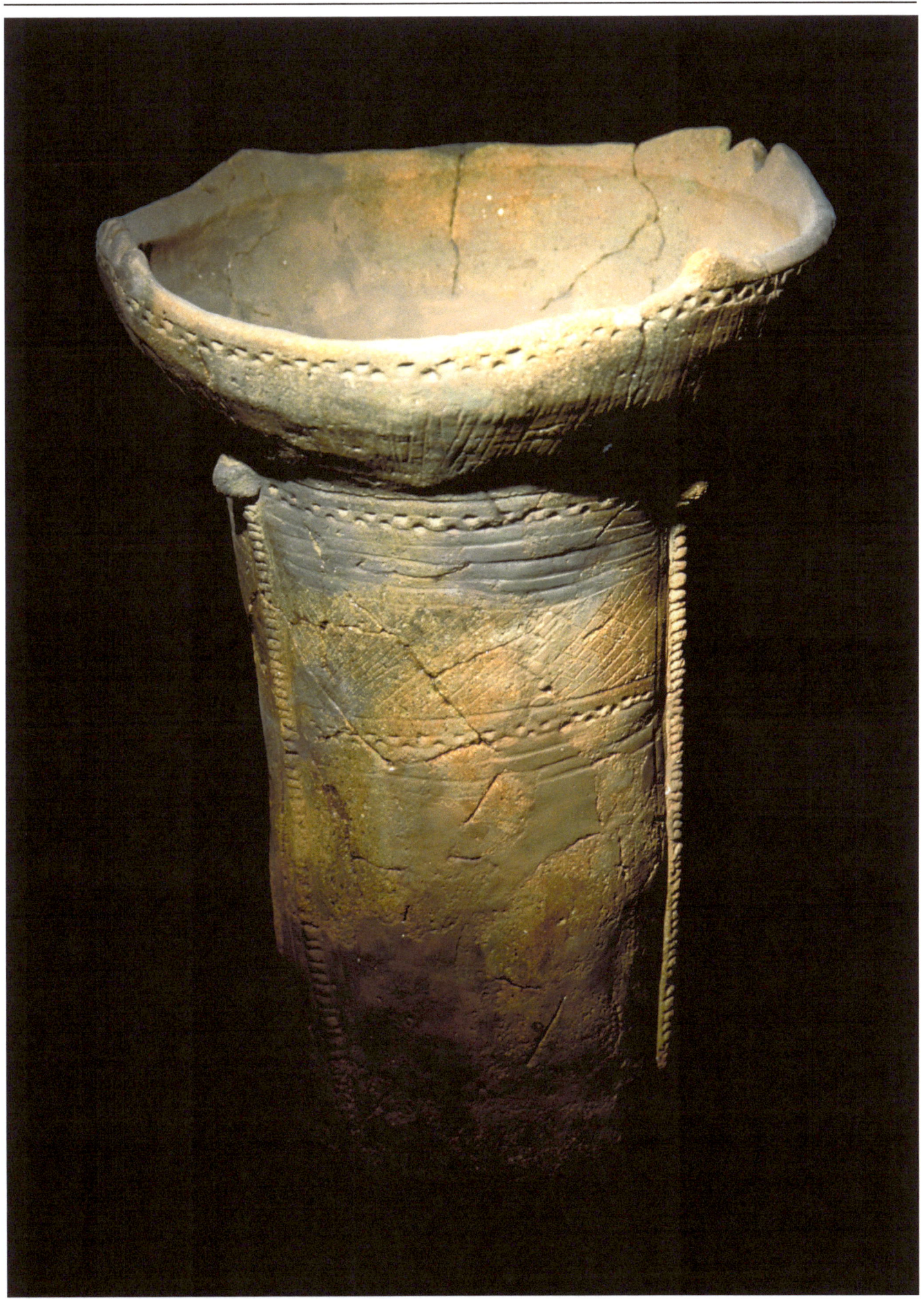

四螭文揚底甕（しちもんあげぞこがめ）
曽利遺跡（そりいせき）
井戸尻Ⅰ式
曽利第20号住居址
昭和37年（1962年）　発掘
縄文中期中葉
約4500年前
27.3cm（復元高）, 28cm（口径）
井戸尻-P99, No.348
ID-033

　この四螭文揚底甕は底が嵩上げされている。神前に供える器であろうか。横広で、スタビリティのとれた壺である。小さな二つの把手を両耳にみたてて意識的に眺めていくと、鼻、目、口、それから両頬にイレズミのある何か奇怪な顔面に見えてくる。卓抜な意匠というべきだが、描線はかなり粗くかつ萎縮していて伸びがない。
　　　　　　　　　　　　　　　　　　　　　　　　　　　　　　（藤森栄一）

　フの字に屈折する口縁の形状から見ると、人面深鉢などに近い、格の高い土器であることが推察される。口縁に立つ造形は、本来であれば人面であってもおかしくない。双環の上に外に球状に突き出した円文と三叉文があり、上面の真ん中は、あたかも何かが放出されるかのように上向きに深くくぼんでいる。
　胴の両側には紡錘形の突起がつく。中空となっており、一方向に円孔があり、三叉文がこれを抱く。土器胴部の円形ないしは紡錘形の中空の貼り付けは藤内式期にみられるが、そこから類推すれば天体の宿る空間を形づくっていると考えられる。
　　　　　　　　　　　　　　　　　　　　　　　　　（井戸尻考古館 小松隆史）

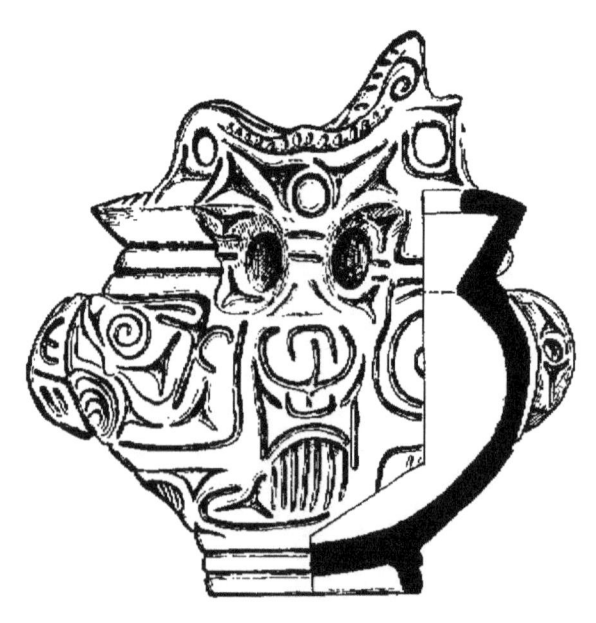

四螭文揚底甕（しちもんあげぞこがめ）

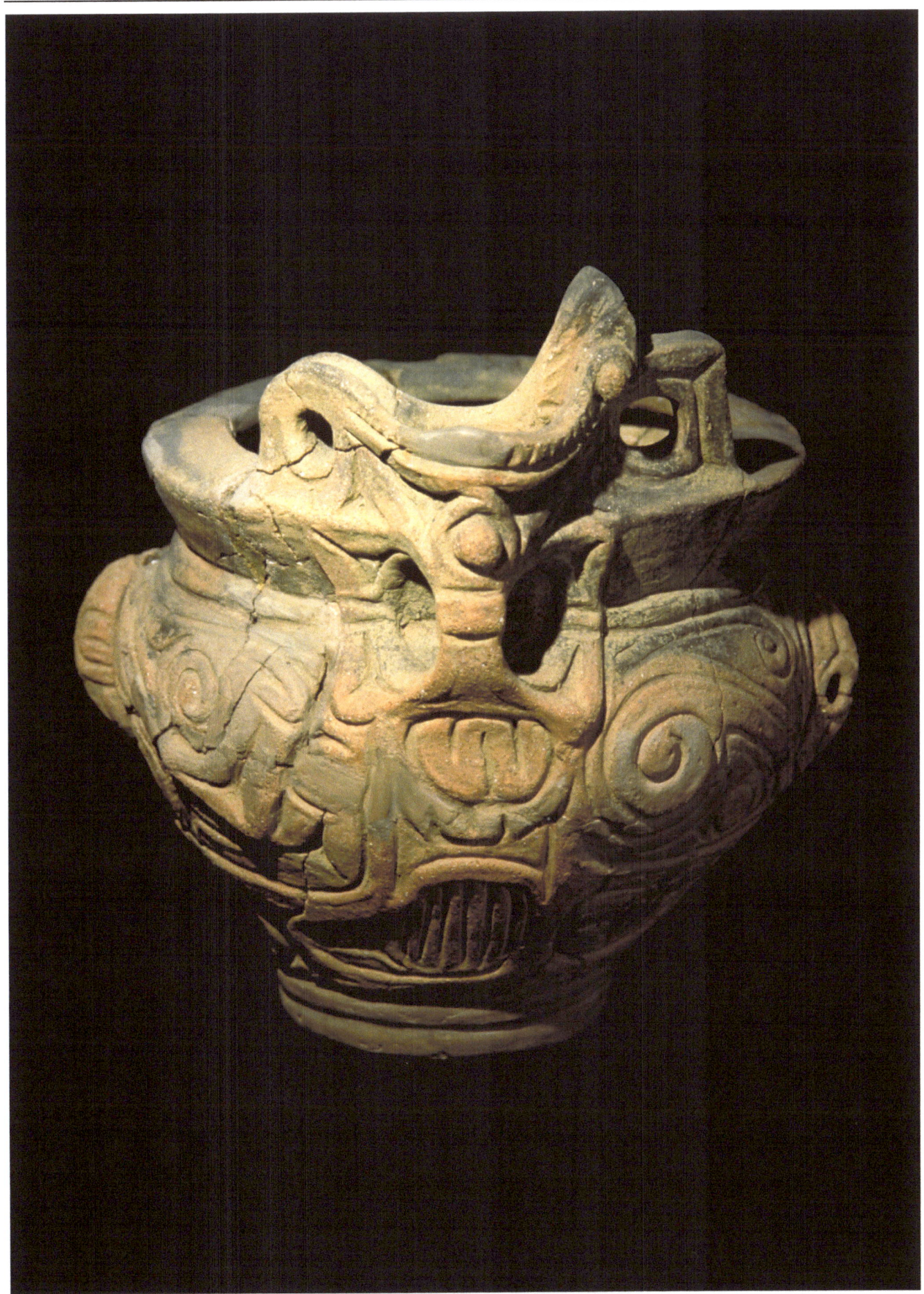

四螭文揚底甕（しちもんあげぞこがめ）

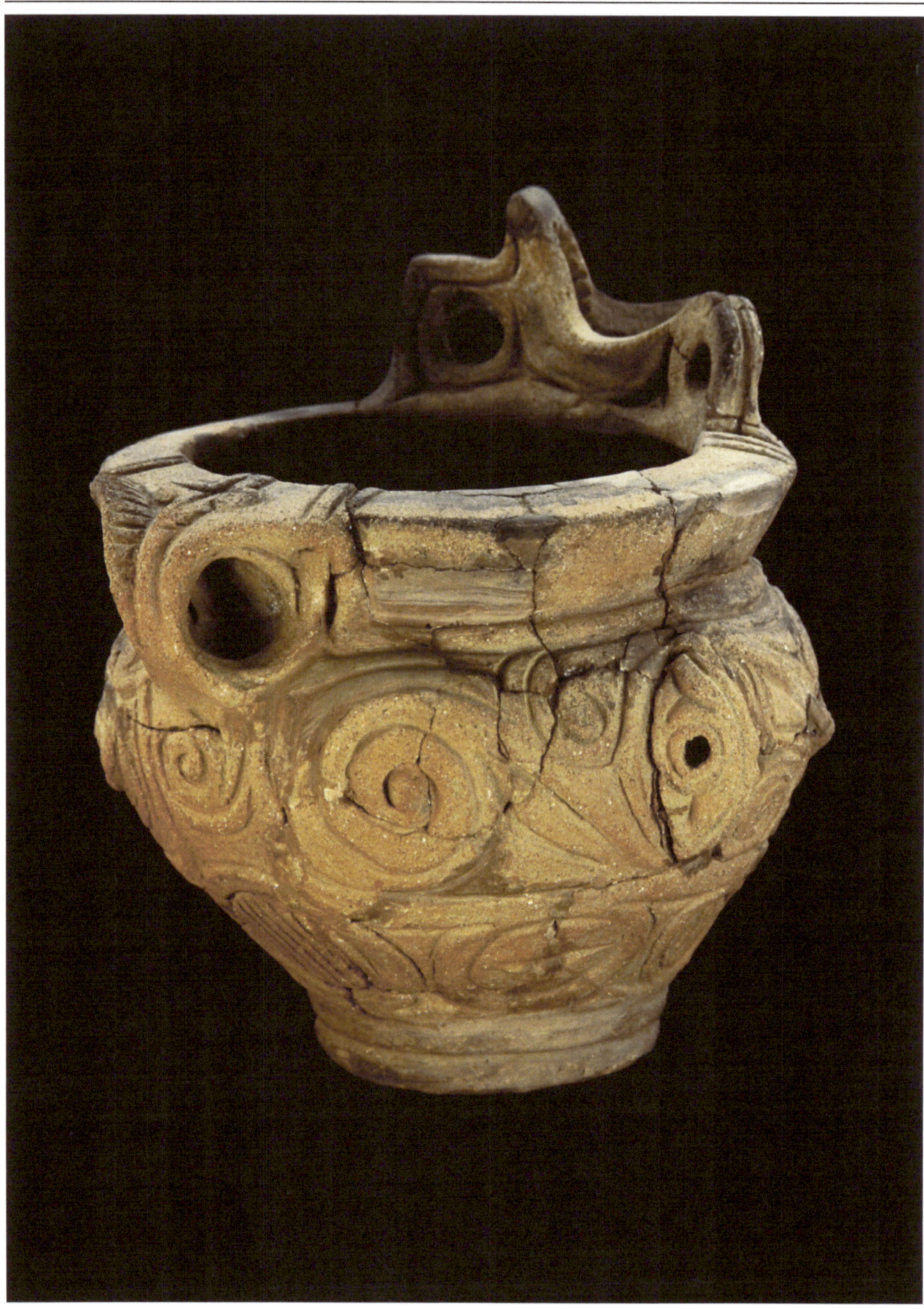

四螭文揚底甕（しちもんあげぞこがめ）

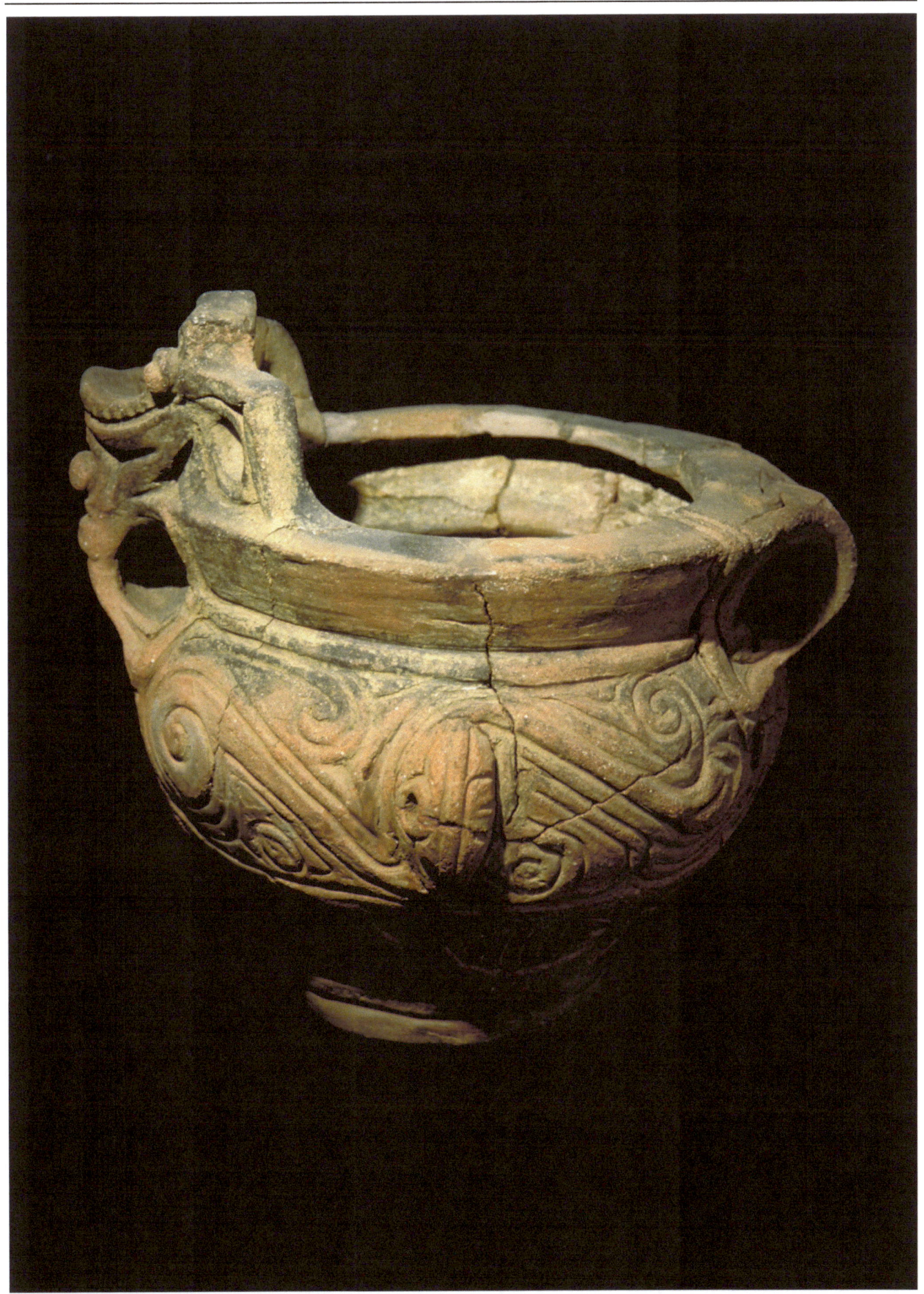

蛇文蒸器形深鉢（じゃもんむしきがたふかばち）
曽利遺跡（そりいせき）
井戸尻Ⅰ式
曽利第20号住居址
昭和37年（1962年）　発掘
縄文中期中葉
約4500年前
35.5cm（高さ），26.2cm（口径）
井戸尻-P99, No.349
ID-031

　文様の雰囲気など、四螭文揚底甕の作者と同じ人物の作品と思われる個所が少なくない。
　腰にサナを設けて使用したと考えられる蒸器形の深鉢。デフォルメされた蛇文が四つ配され、頭は口縁に突き出ているが、その両端は大小くるりと外側に巻く腕の表現となっている。三日月状をなす胴体が沈線の刻まれた円文を囲んでいる。この蛇は腕となっているが、いずれも甦った新月をあらわし、沈線で埋められた円文は、天体が光を発しない様を表している。つまり"古い月を抱く新しい月"の図像である。
　腰部に配された四単位の文様は、赤ん坊の両腕の表現で、これまた古い月を抱く新月の図となっている。
（井戸尻考古館　小松隆史）

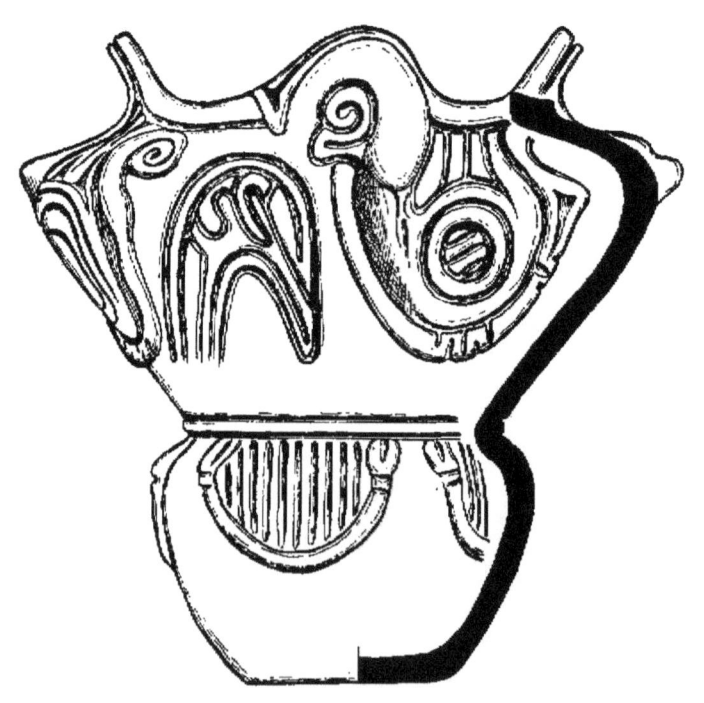

蛇文蒸器形深鉢（じゃもんむしきがたふかばち）

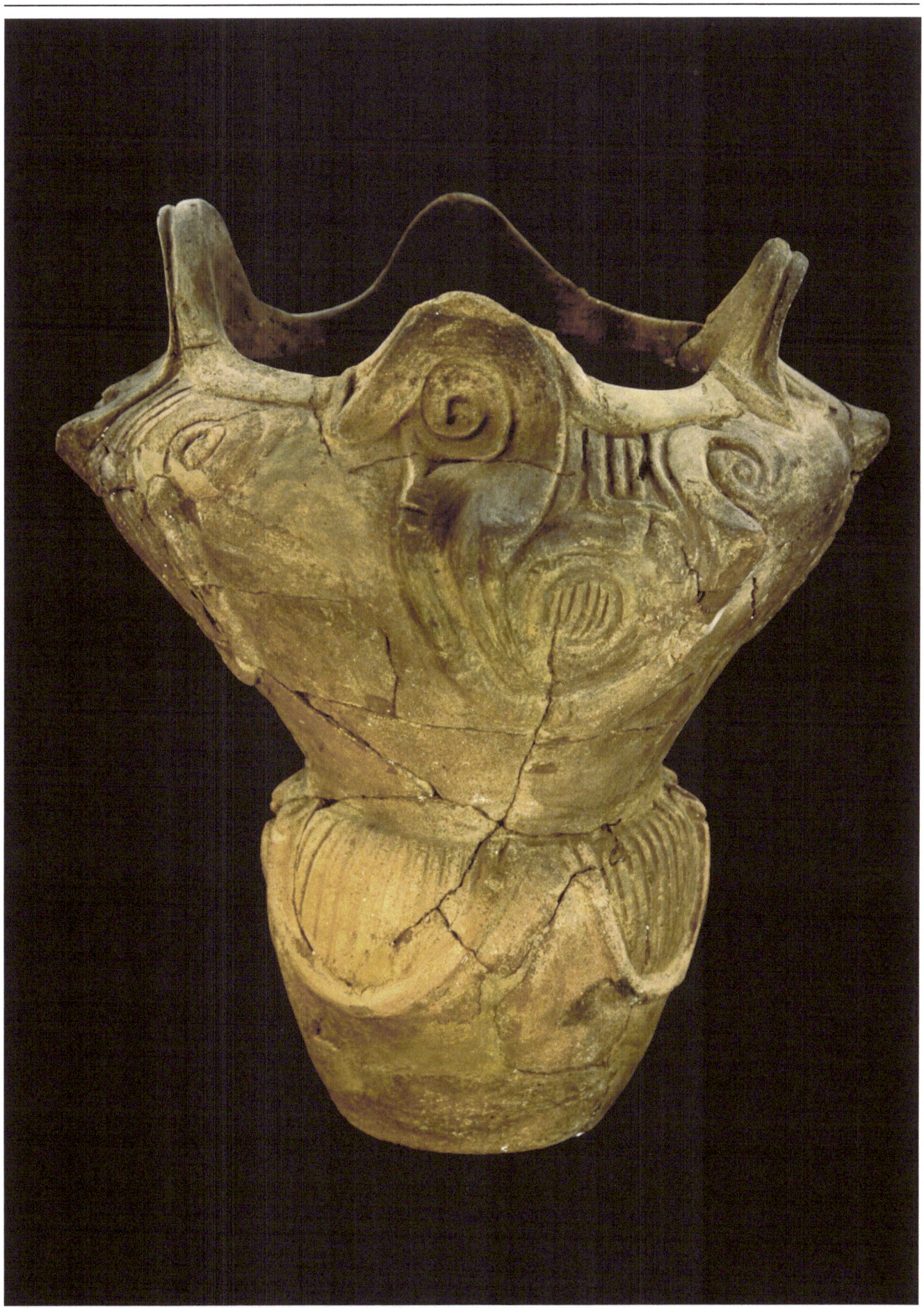

蛇文蒸器形深鉢（じゃもんむしきがたふかばち）

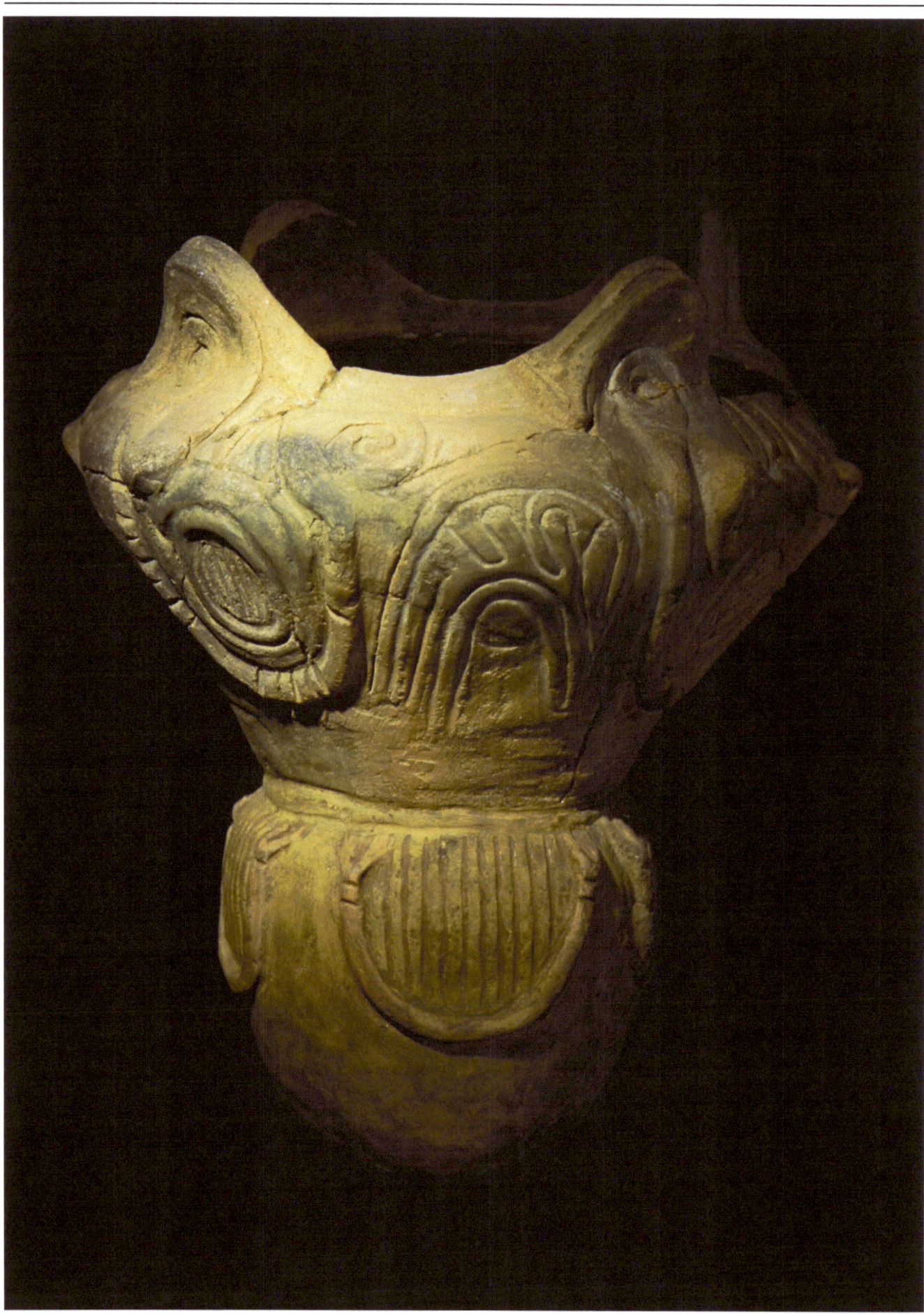

蛇文蒸器形深鉢（じゃもんむしきがたふかばち）

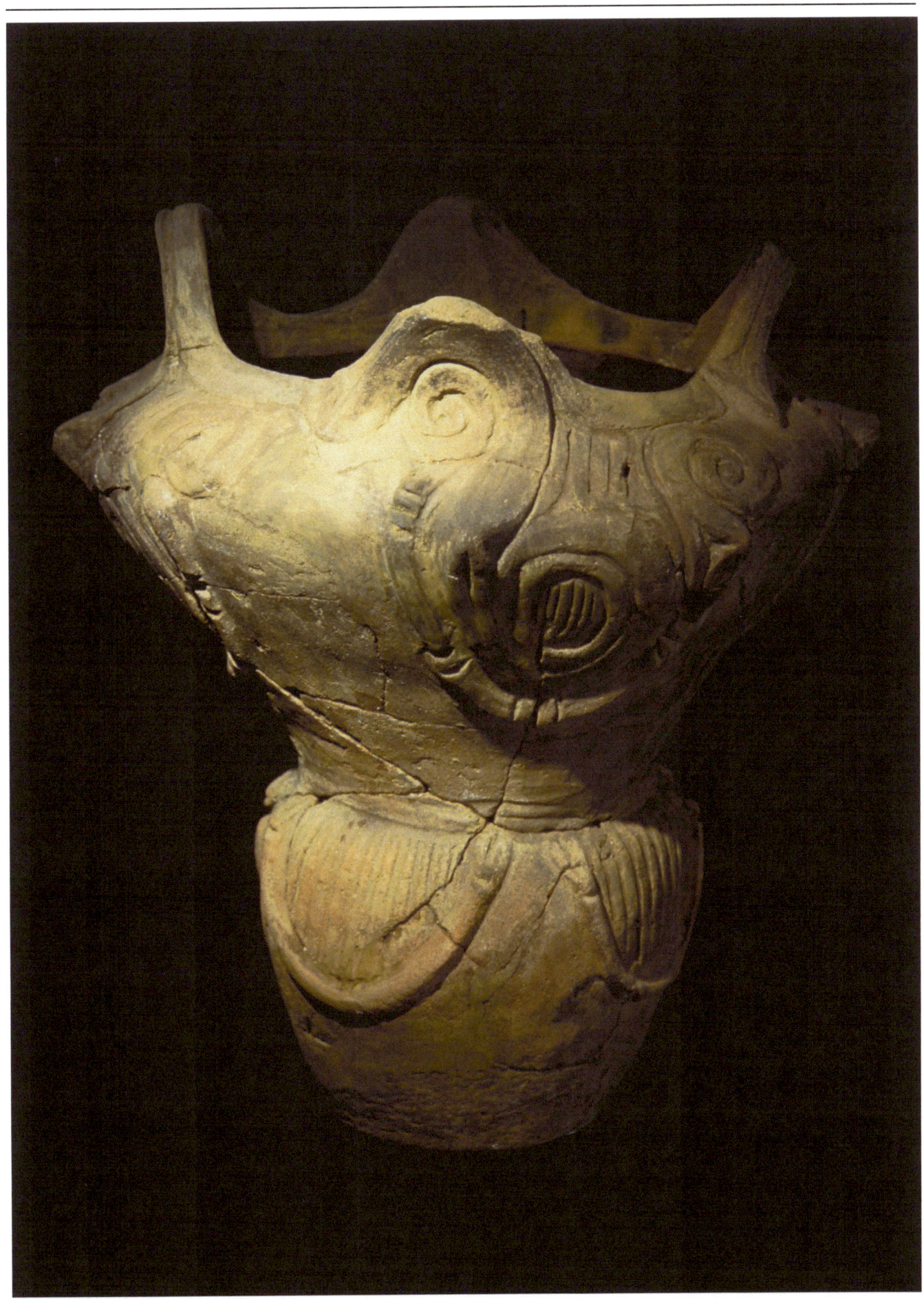

人面香炉形土器（じんめんこうろがたどき）
曽利遺跡（そりいせき）
曽利Ⅰ式
曽利第29号住居址
昭和44年(1969年)　発掘
縄文中期中葉
約4400年前
47cm（残高）
曽利-P72, No.57
ID-023

　29号址は、一般的な住居址ではなく、集落内で祭祀を司る特殊な人物の居住した住居であったものと考えられる。したがって、香炉形土器が2個もあり、この時期には一般化されない埋甕まで存在した。この香炉形土器は、炉の北東側に据置かれていた。
　この土器の形容は、まず正面に人体を形取る。頭部は欠損しているが、左右に5本指の手を現わし、中央には、沈線で首と体部および脚を表現する。正面の窓は殿袋を共用して女性であることを示す。背面には、頭髪を逆立て目を見開いた呪者が神に変身した顔貌を表現している。
　施文手法は井戸尻Ⅲ式期に多用されるものだが、香炉形土器という特殊性から伝世も考慮しなければならないだろう。
　　　　　　　　　　　　　　　　　　　　　　　　　　　　　　　　　　　　　（武藤雄六）

　重厚なつくりで土圧につぶされることもなく、完全な形で埋もれていたが、頭部は故意に欠きとられ、どこかに持ち去られたらしい。母の胎内に火がともされる構造からこの土器は、火を産む女神の像だと目される。首を断たれることは死を意味するから、この女神は火を産むことで落命したのだろう。表はたおやかな造形で"生"をあらわし、反対面はされこうべにも似た恐ろしい表情で"死"を表現した、二面性を有した土器である。なお、写真の頭部は類似資料から推定復元し、つけたものである。
　　　　　　　　　　　　　　　　　　　　　　　　　　　　　　　　　（井戸尻考古館 小松隆史）

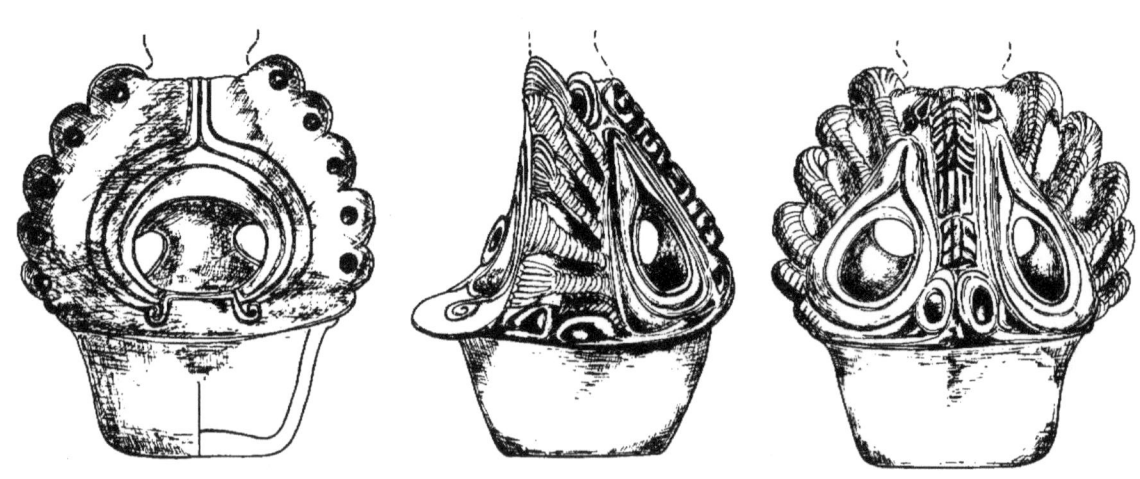

人面香炉形土器（じんめんこうろがたどき）

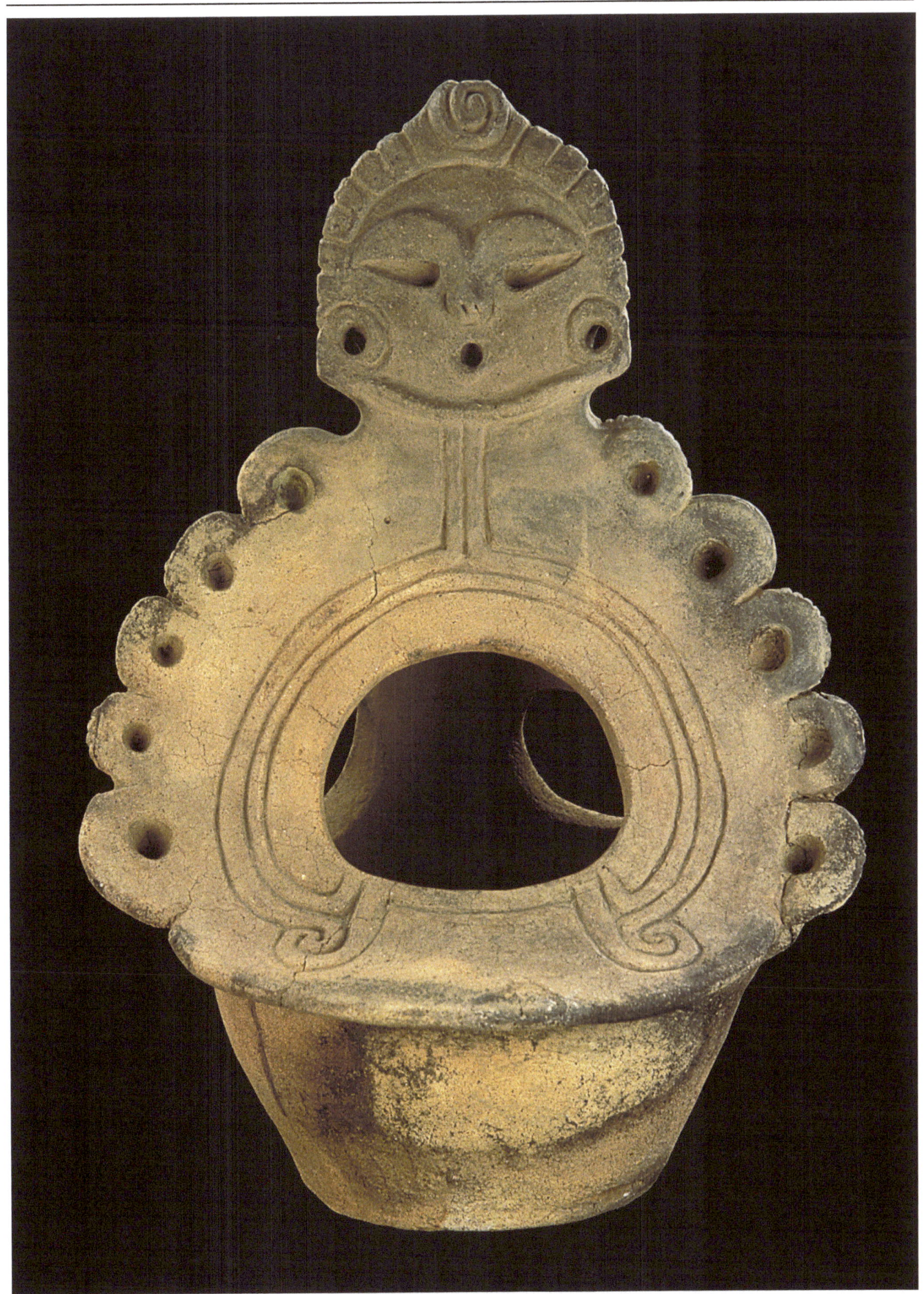

人面香炉形土器（じんめんこうろがたどき）

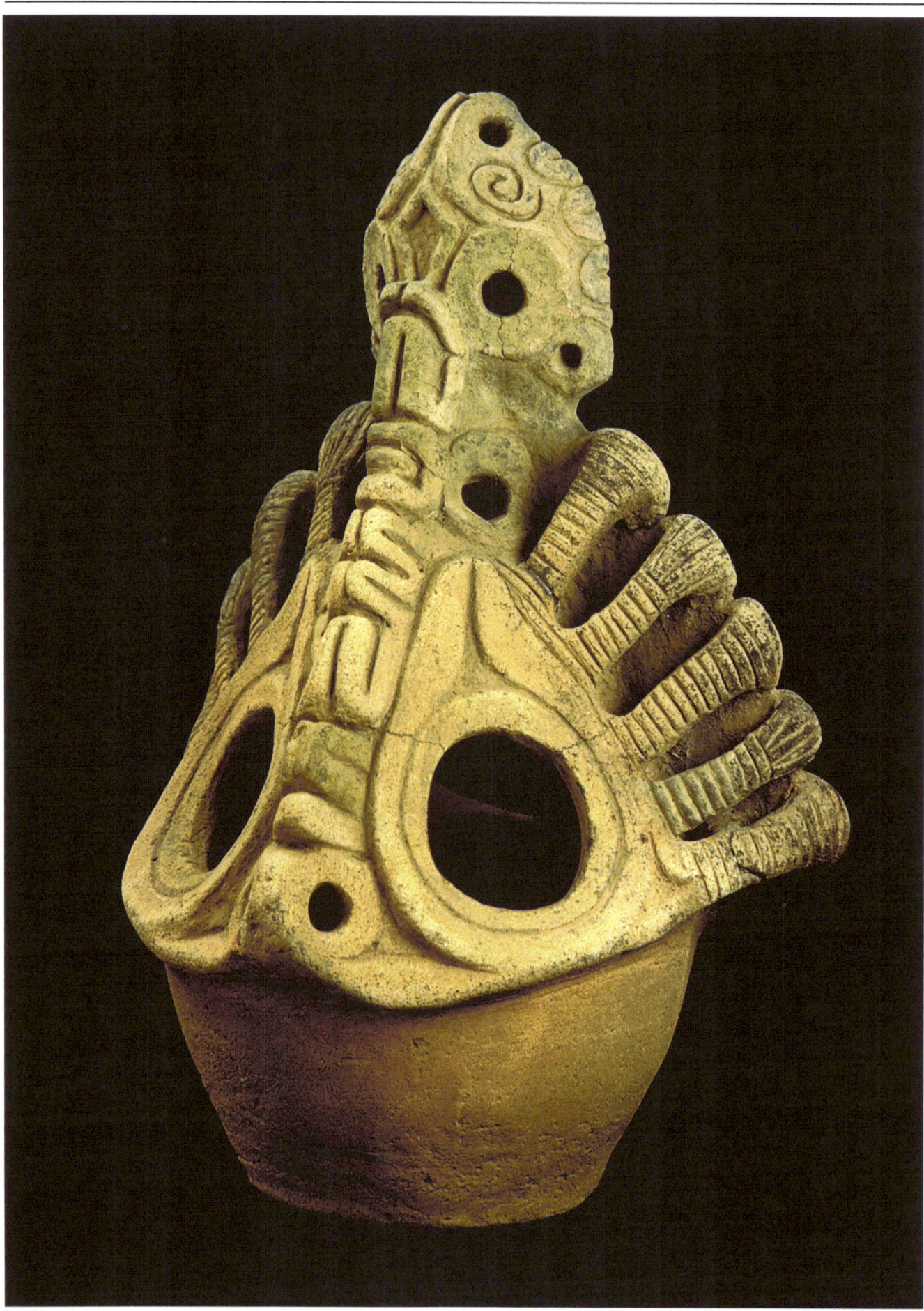

人面香炉形土器（じんめんこうろがたどき）

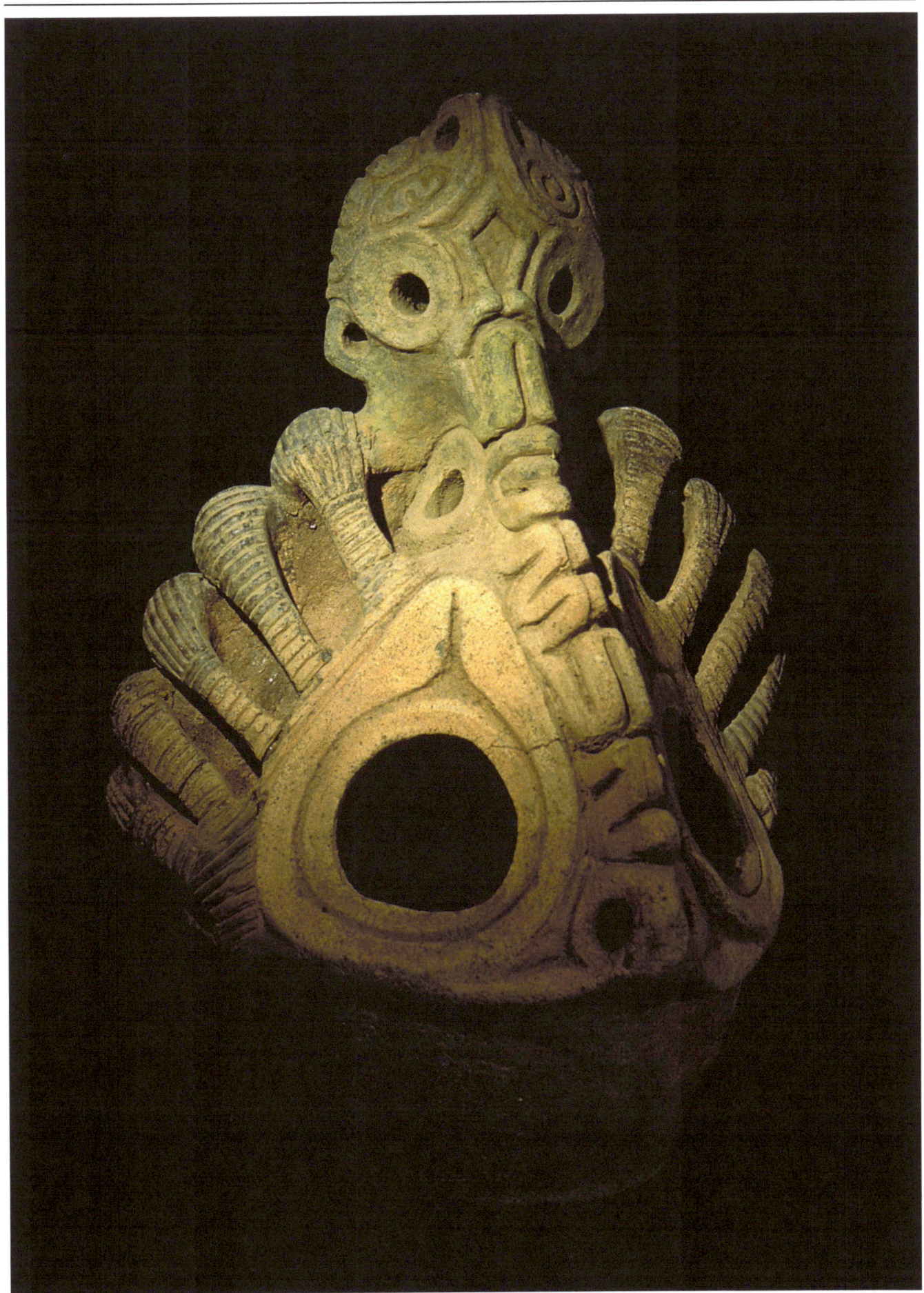

香炉形土器（こうろがたどき）
曽利遺跡（そりいせき）
曽利Ⅰ式
曽利第 29 号住居址
昭和 44 年 (1969 年)　発掘
縄文中期中葉
約 4400 年前
21.2cm（高さ）, 20.2cm（口径）
曽利 -P72, NO.58
ID-022

　この香炉形土器は、人面香炉形土器の脇で発見された。形態的には人面香炉形土器と同一であるが、一般的な大きさ・形のものである。文様構成は正面に人面香炉形土器の背面の鼻筋に用いられている三角刻交叉文をあしらい、頂部に孔がある。
　焼成は並であるが、使用が激しかったためか鉢はさほどでないが釣手部は焼けて脆くなっていた。色調は黒褐色を呈し、鉢の上部にはカーボンが付着し、外壁と釣手の外面には煤の付着が認められ、釣手の内面にはタール状のカーボンが付着して明かに灯火用に使用したことが判る。　　　　　　　　　　　　　　　（武藤雄六）

　香炉形土器の造形は、人面深鉢の人面部と似ることから、人首だと目される。そして、人面香炉形土器と並ぶように住居に遺されていたことは、あたかも親子を表現したかのようである。火を産んで落命する女神のかたわらにころがる、ひとまわり小さな首。記紀神話にみるイザナミとカグツチの姿が想起される。はるか 4,400 年の昔、のちの神話に書かれる神々の源流をみるかのようである。　　　　（井戸尻考古館　小松隆史）

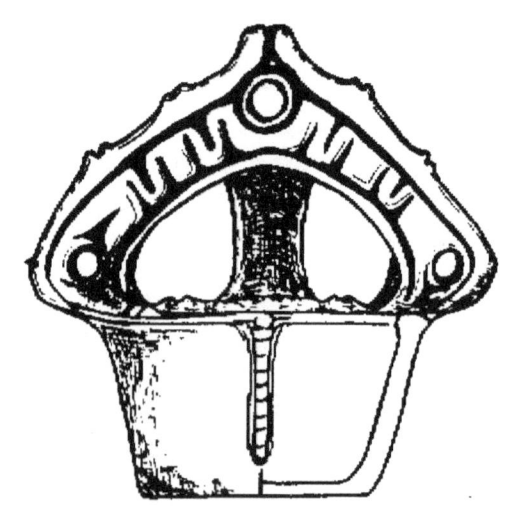

香炉形土器（こうろがたどき）

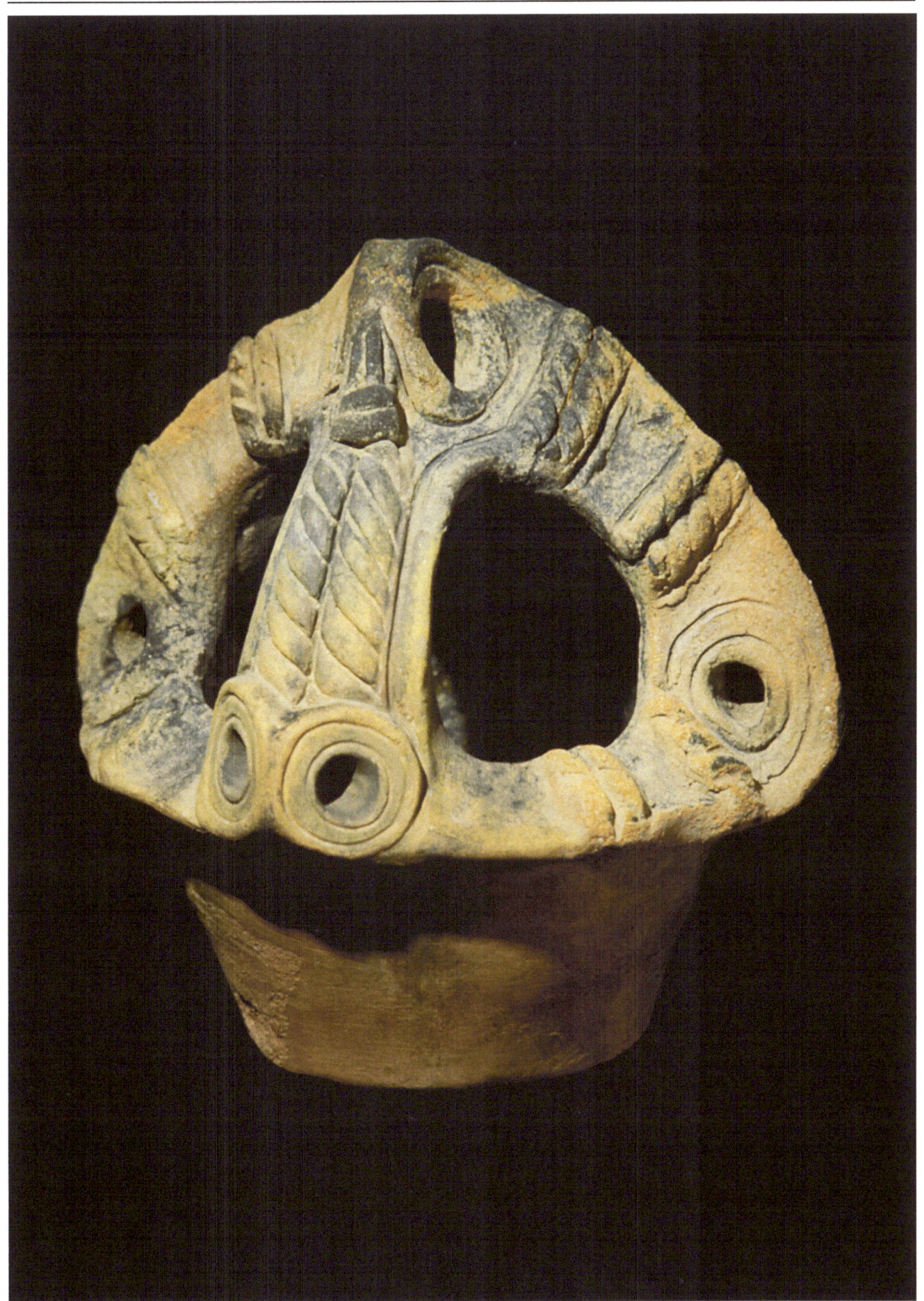

香炉形土器（こうろがたどき）

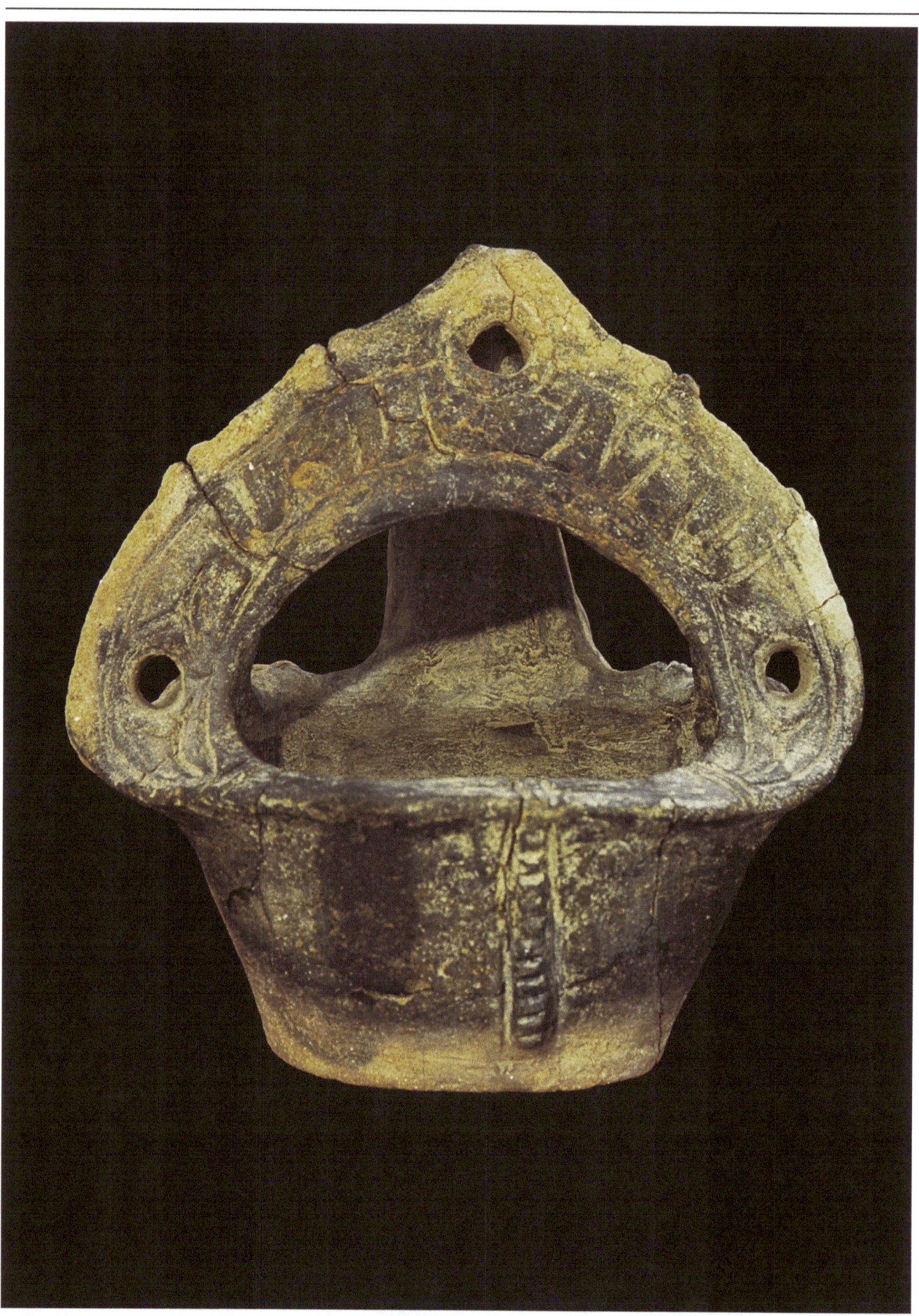

香炉形土器（こうろがたどき）

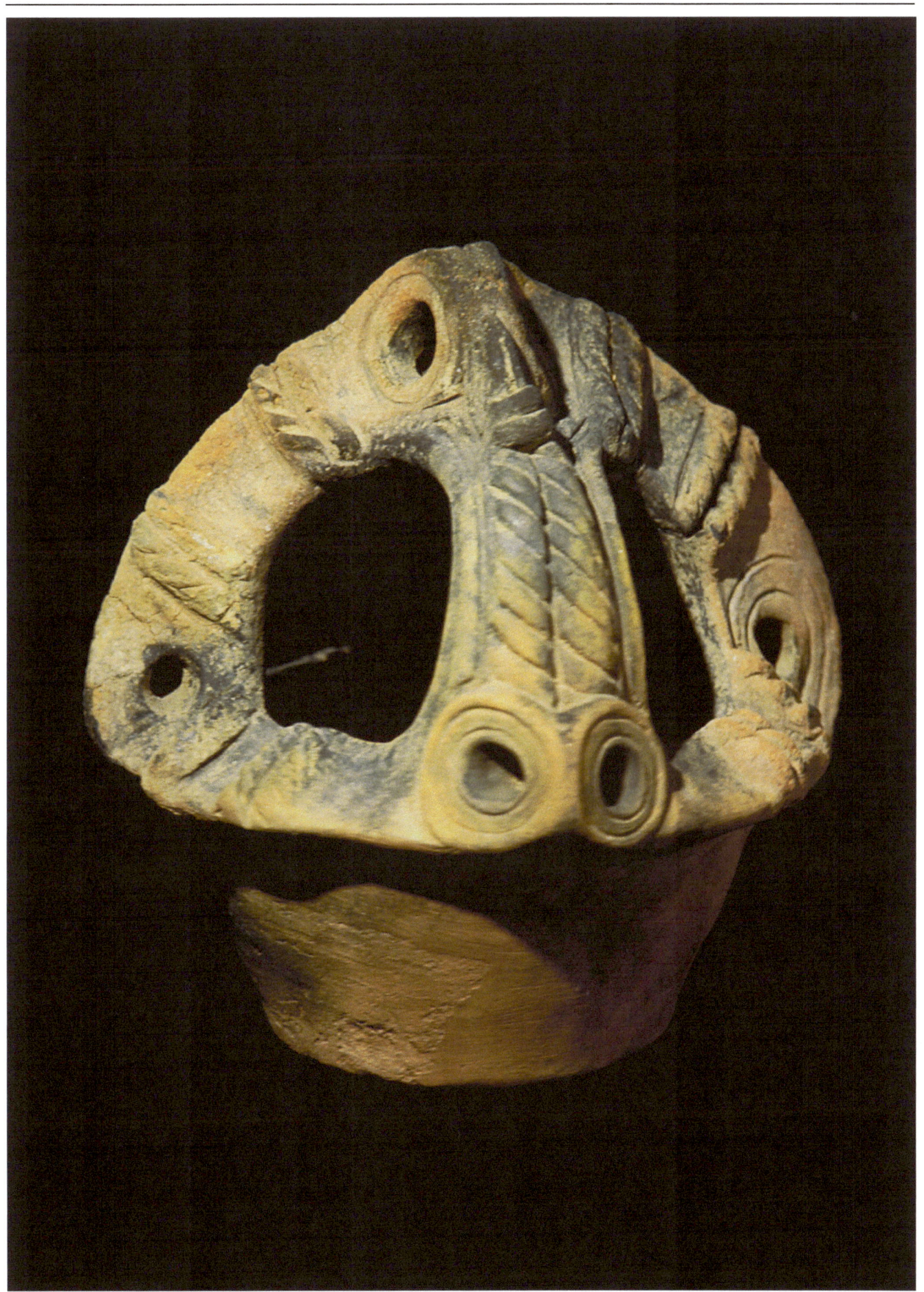

四方山形口縁深鉢（しほうやまがたこうえんふかばち）
曽利遺跡（そりいせき）
九兵衛尾根Ⅰ式
曽利第30号住居址
昭和44年(1969年)　発掘
縄文中期初頭
約5000年前
45cm（高さ）, 30cm（口径）
曽利-P61, No.11
ID-064

　オコゲが残る煮炊き用の土器である。全体として九兵衛尾根Ⅰ式の要素が強い中に、強い弧状の沈線など新しい要素が見えている。また、横走する区画帯には三角刻目を交互につけた鋸歯状文が盛行する。浅いが非常に細かな沈線がひかれ、目を凝らしてみると非常に繊細な印象を受ける。
　胎土に雲母を含み、焼成は良好である。二次火熱を受け、外側上部に煤が認められる。内壁の胴部から底部にかけて炭化滓痕跡と黒変部分が認められる。煮炊き用土器とされる所以である。
　　　　　　　　　　　　　　（武藤雄六・井戸尻考古館 小松隆史）

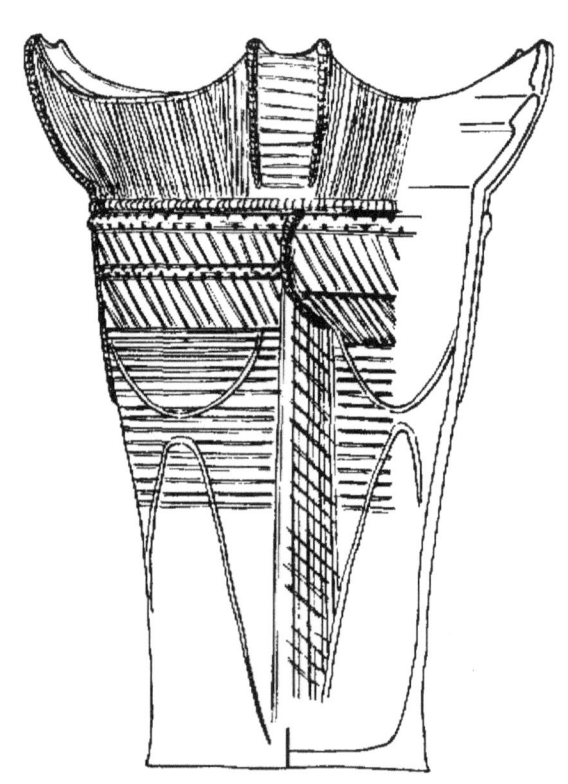

四方山形口縁深鉢（しほうやまがたこうえんふかばち）

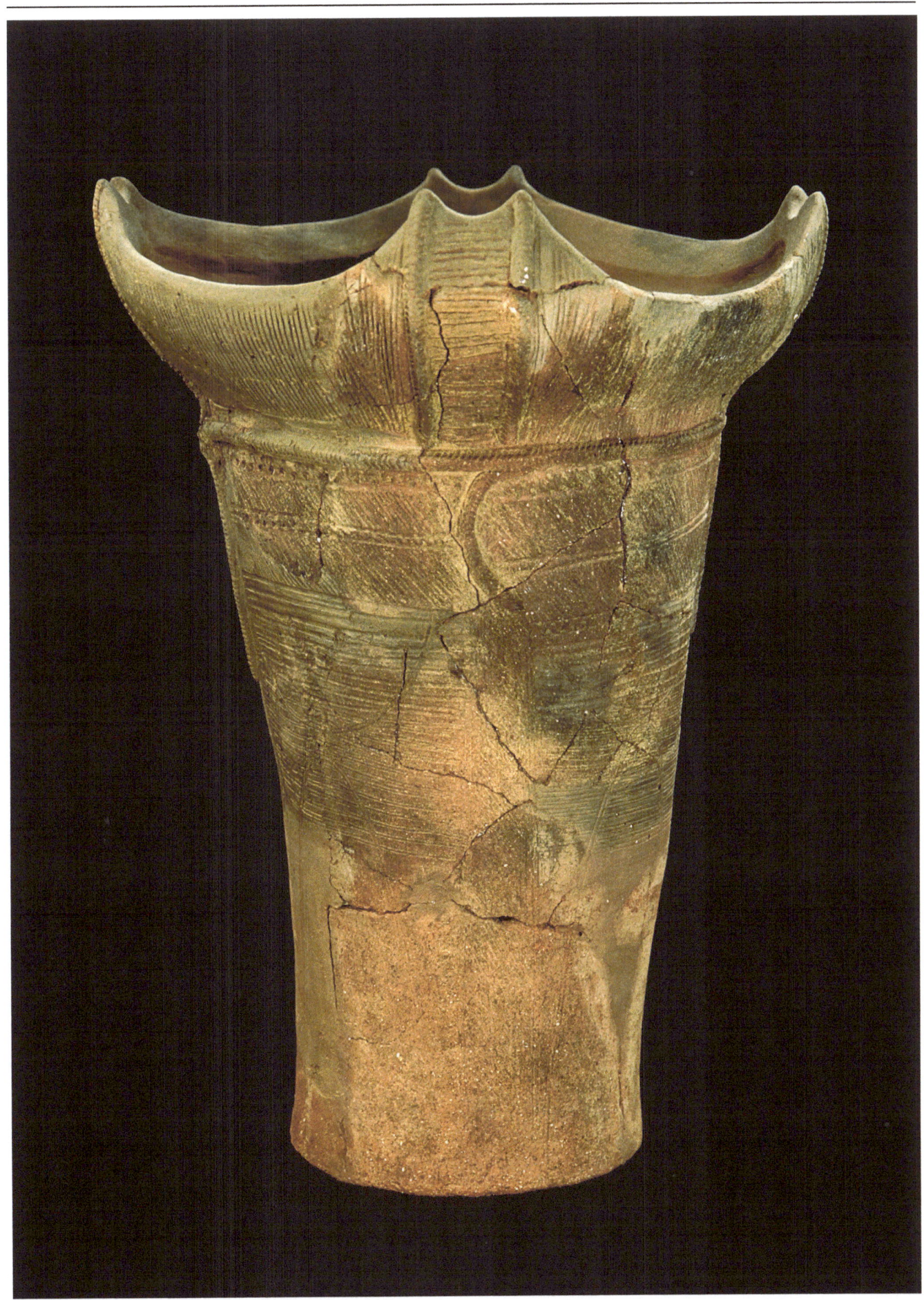

51

四方山形口縁深鉢（しほうやまがたこうえんふかばち）

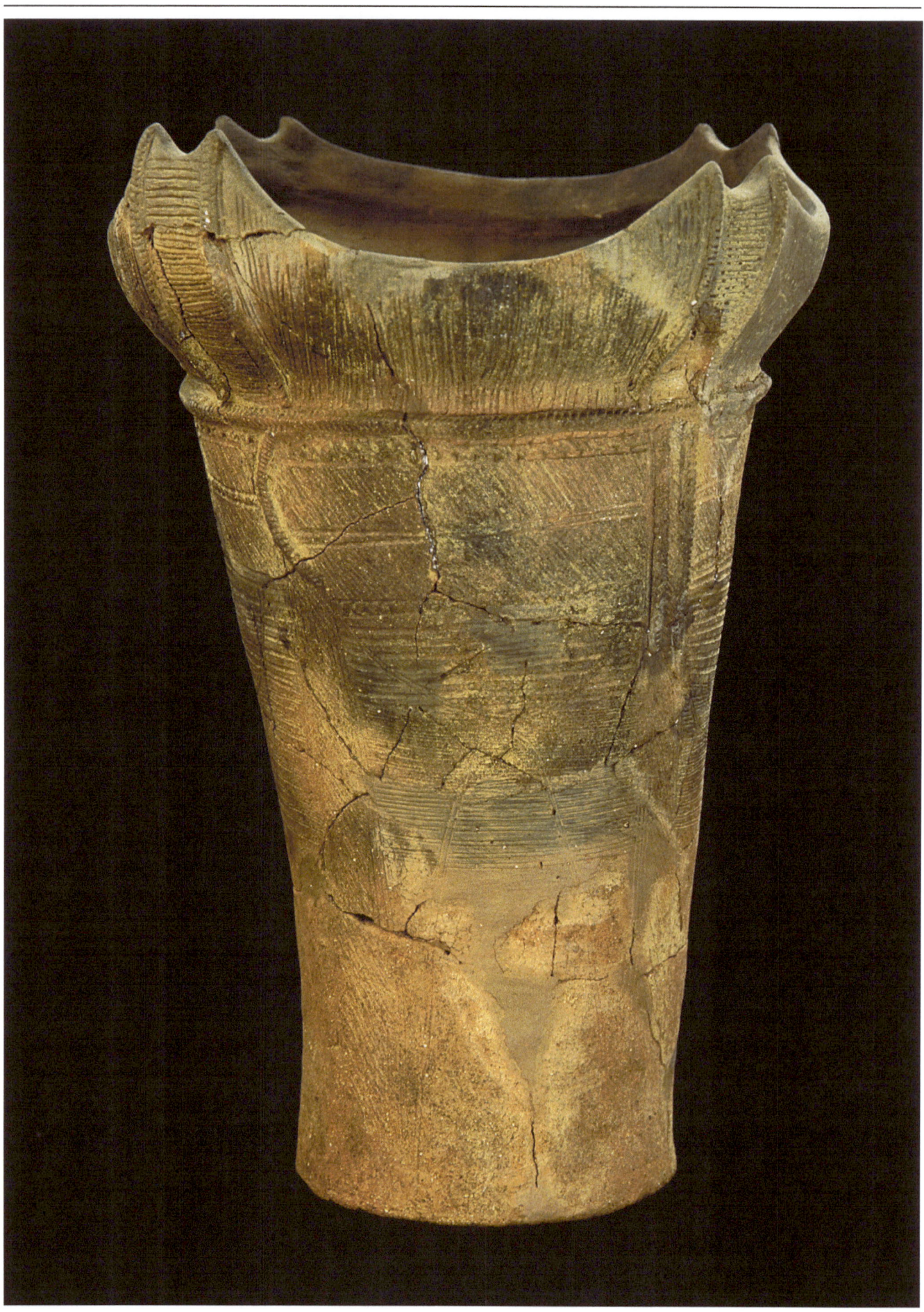

四方山形口縁深鉢（しほうやまがたこうえんふかばち）

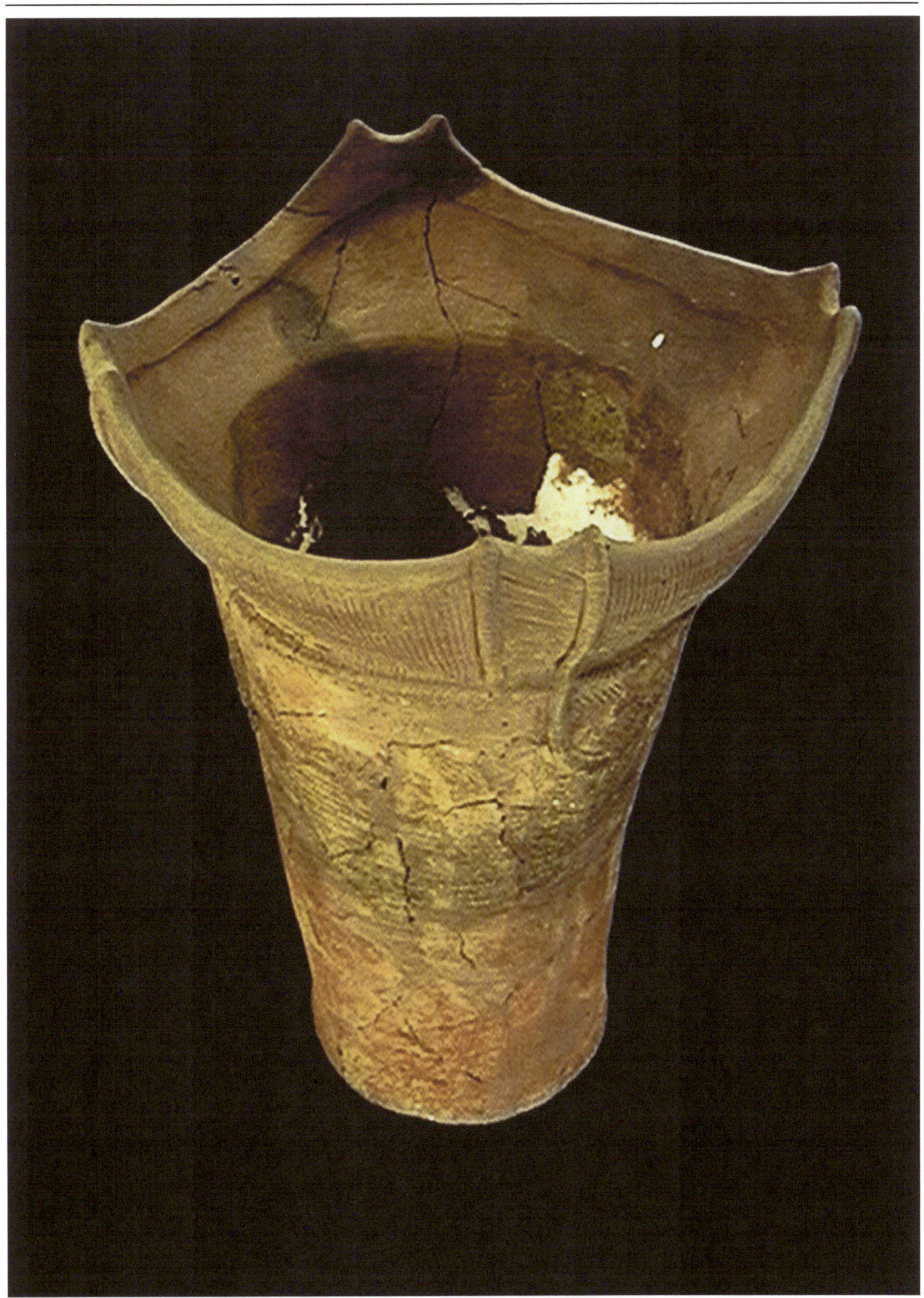

53

双眼深鉢（そうがんふかばち）
曽利遺跡（そりいせき）
藤内Ⅰ式
曽利第32号住居址
昭和44年(1969年)　発掘
縄文中期中葉
約4700年前
37.8cm（高さ），20.7cm（口径）
曽利-P64, No.20
ID-017

　32号址は、42号址（九兵衛尾根Ⅱ式）の大半を切取って構築された住居址で、堆土の堆積は理想的なものであった。なかでも、床面より10〜20cm上からは、完形土器11点、半完形土器5点・顔面把手1点などが出土した。これらの土器の大半は側壁上の土棚の上にあったらしく、土棚に完形土器が今しも落ちんばかりの姿で置かれており、器種は、浅鉢1点と櫛形文土器2点のほかは、すべて深鉢であった。
（武藤雄六）

　この双眼深鉢は煮炊き用。指頭圧痕を地紋とする土器で、蛹状の文様がつく。口縁に突き出た中空の造形は、ミミズクのような双眼を表わす。左眼は貫通しているが、右眼の後はふさがれている。左眼は望月あるいは太陽を、右眼は朔月あるいは月を象徴しているものと考えられる。
（井戸尻考古館　小松隆史）

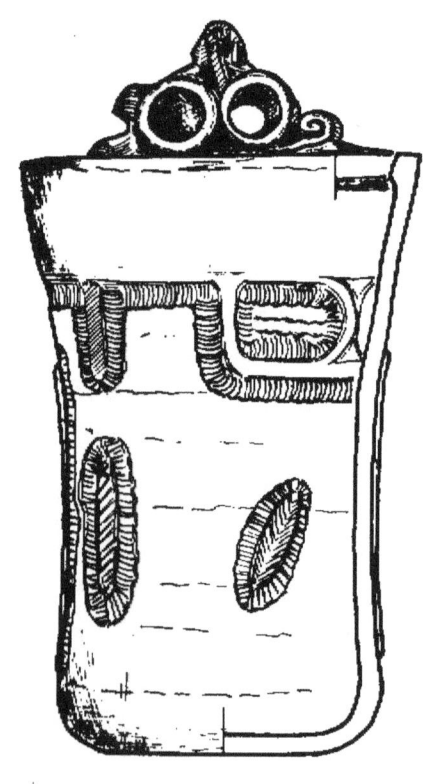

双眼深鉢（そうがんふかばち）

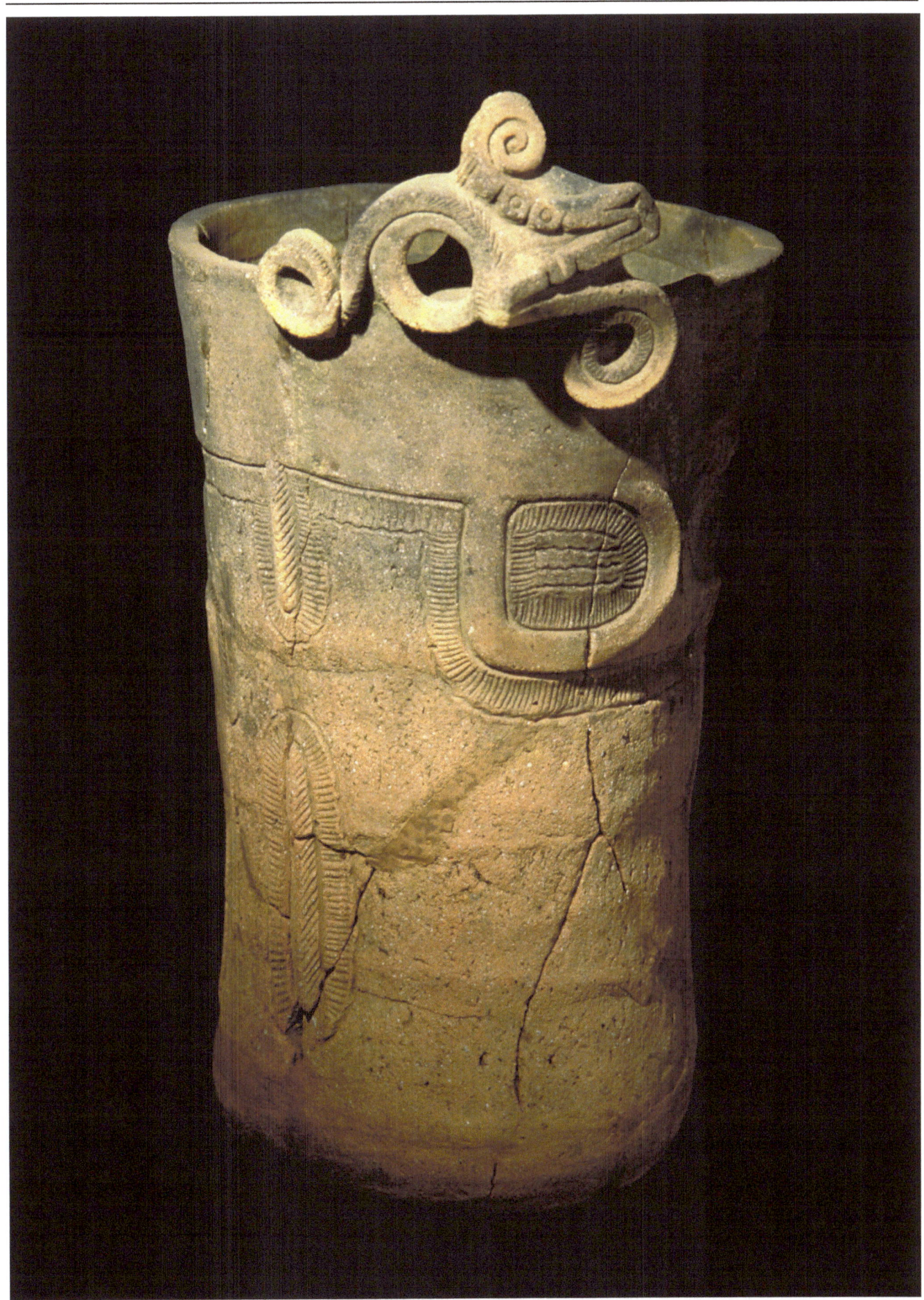

双眼深鉢（そうがんふかばち）

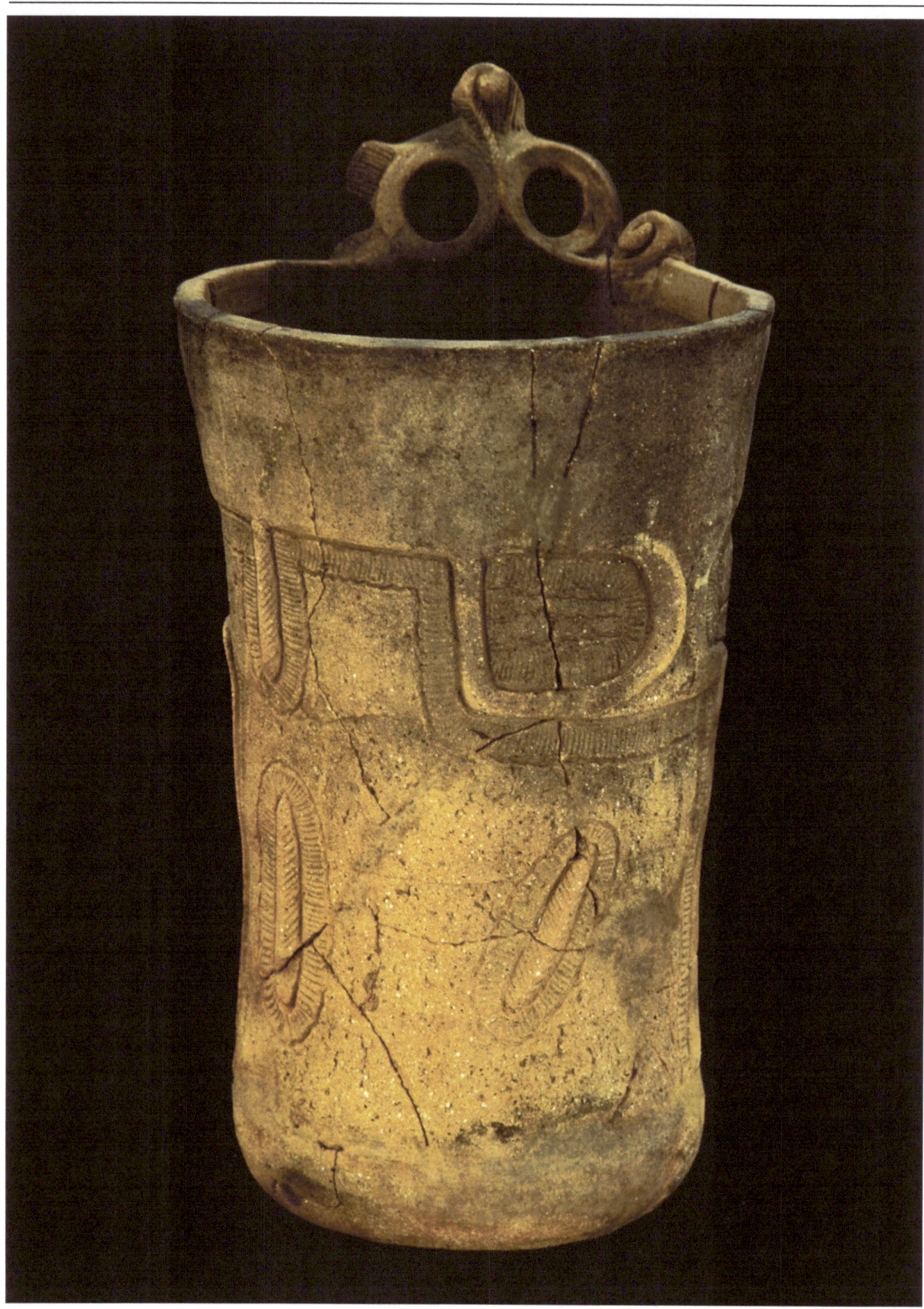

双眼深鉢（そうがんふかばち）

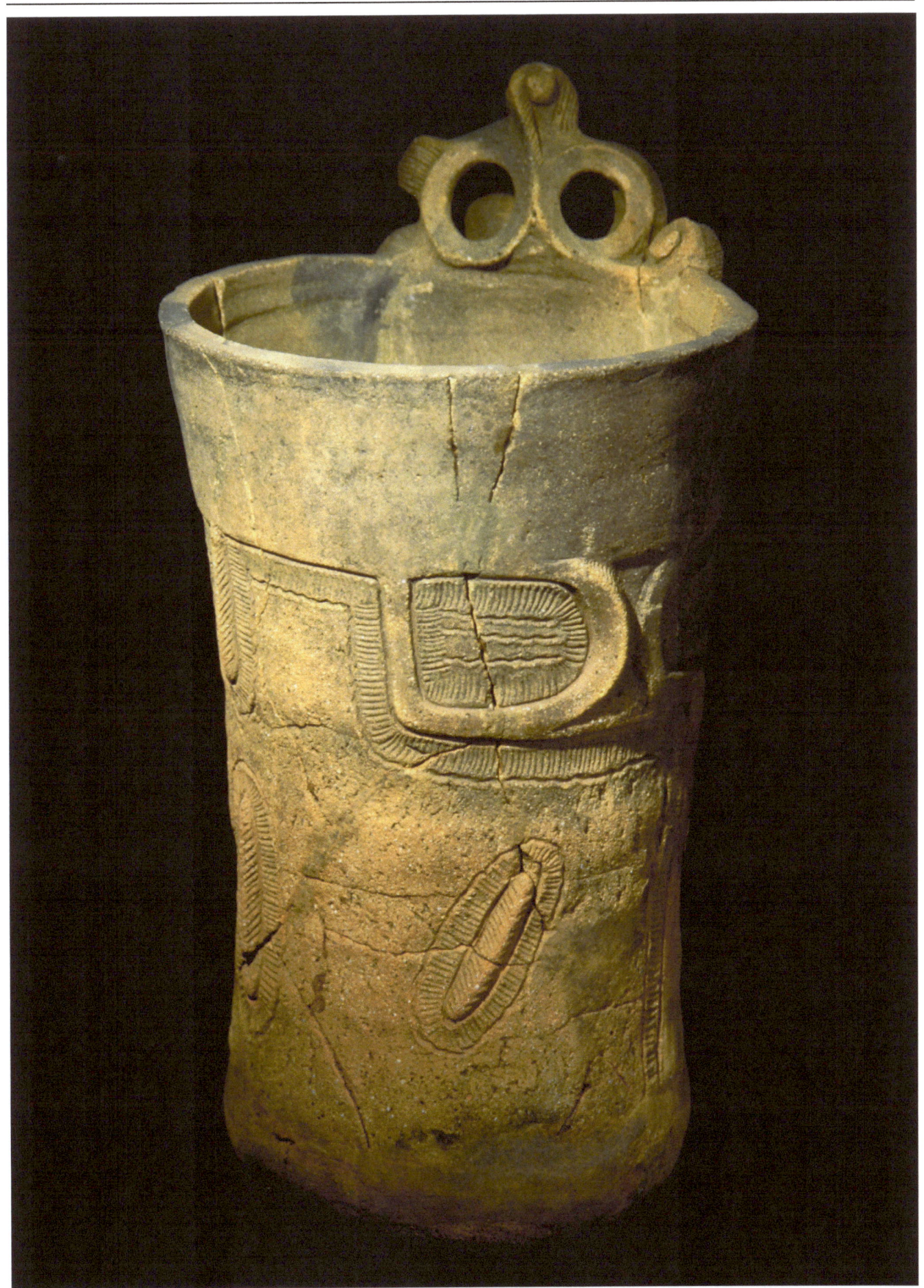

57

蛇文深鉢（じゃもんふかばち）
曽利遺跡（そりいせき）
藤内Ⅱ式
曽利第32号住居址
昭和44年(1969年)　発掘
縄文中期中葉
約4600年前
28.8cm（高さ）,19.3cm（口径）
曽利-P65, No.33
ID-018

　とぐろを巻いたマムシが口縁を這う。口縁に突き出た造形も蛇の頭。双環突起は蛇または蛙の眼とみられる。器壁に煤が付着しており、炭化滓の付着も認められた。煮炊き用。

　素文口縁で肩部が丸く膨らみ、弱い屈折底で縄文を地紋とする深鉢は、藤内Ⅰ式期に現れ、Ⅱ式期に確立する。この土器はその典型的なものである。

　口縁には上方に大きく口を開けた蛇頭があり、またそこから小蛇が口唇に這う。蛇もまた藤内Ⅰ式期の蛙を追うように、Ⅱ式期に土器にあらわれる。

　常陸国風土記には夜ごと成長し、やがて大蛇となる小蛇の話があるが、これは一晩ごとに満ちてゆく月の様だとも言われている。この土器に大小の蛇が造形されていることも、そこに通じるものであろう。

（井戸尻考古館 小松隆史）

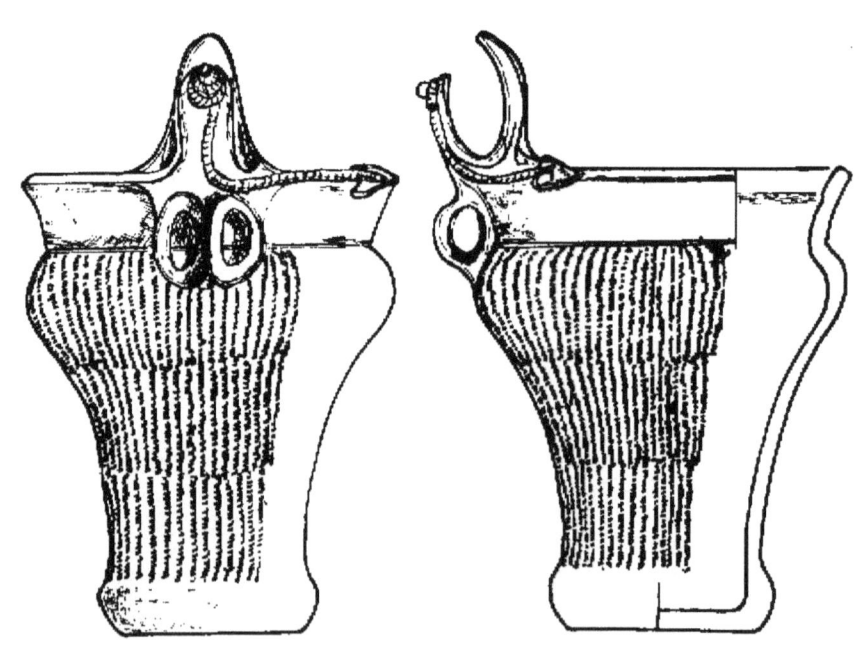

蛇文深鉢（じゃもんふかばち）

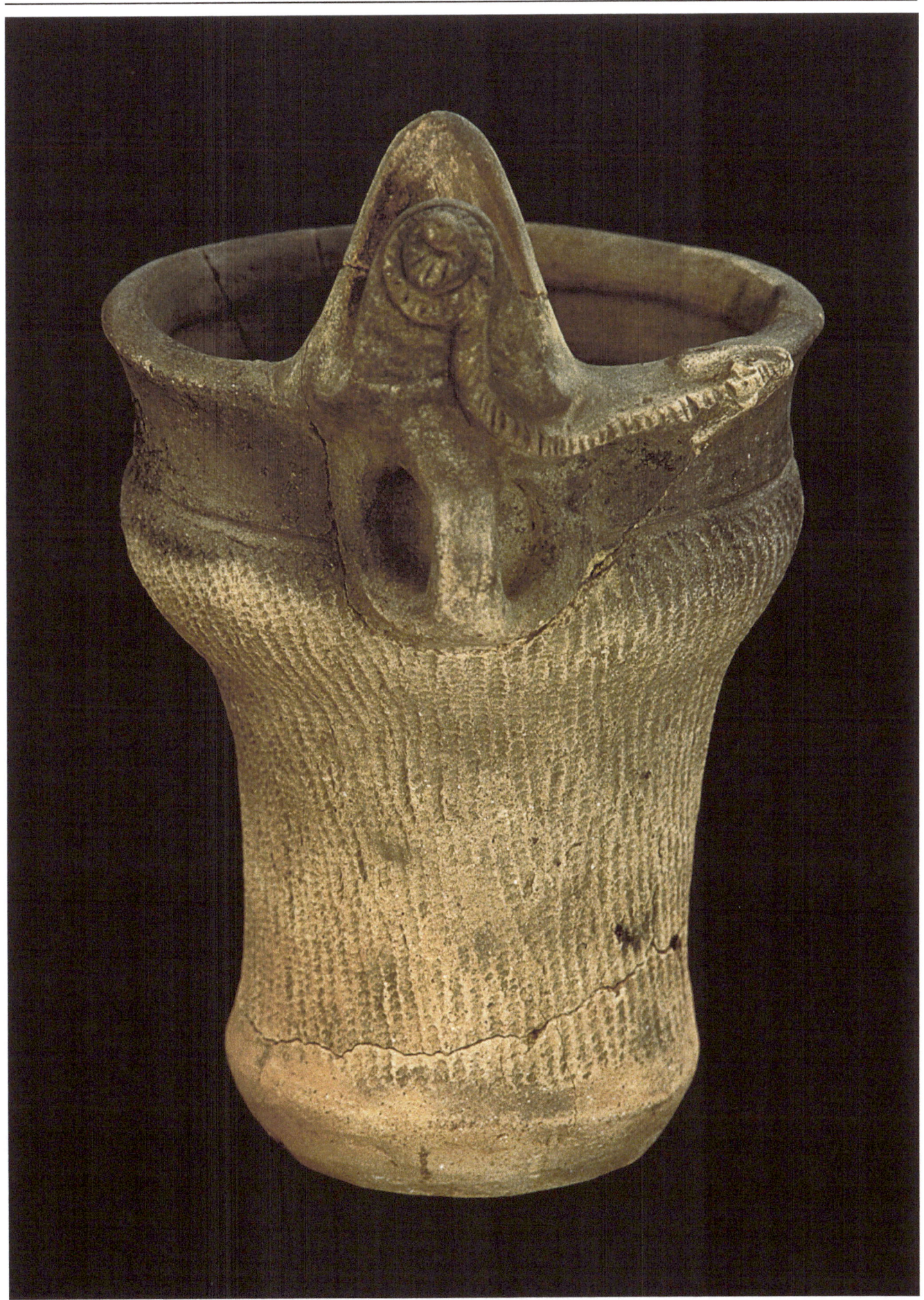

蛇文深鉢（じゃもんふかばち）

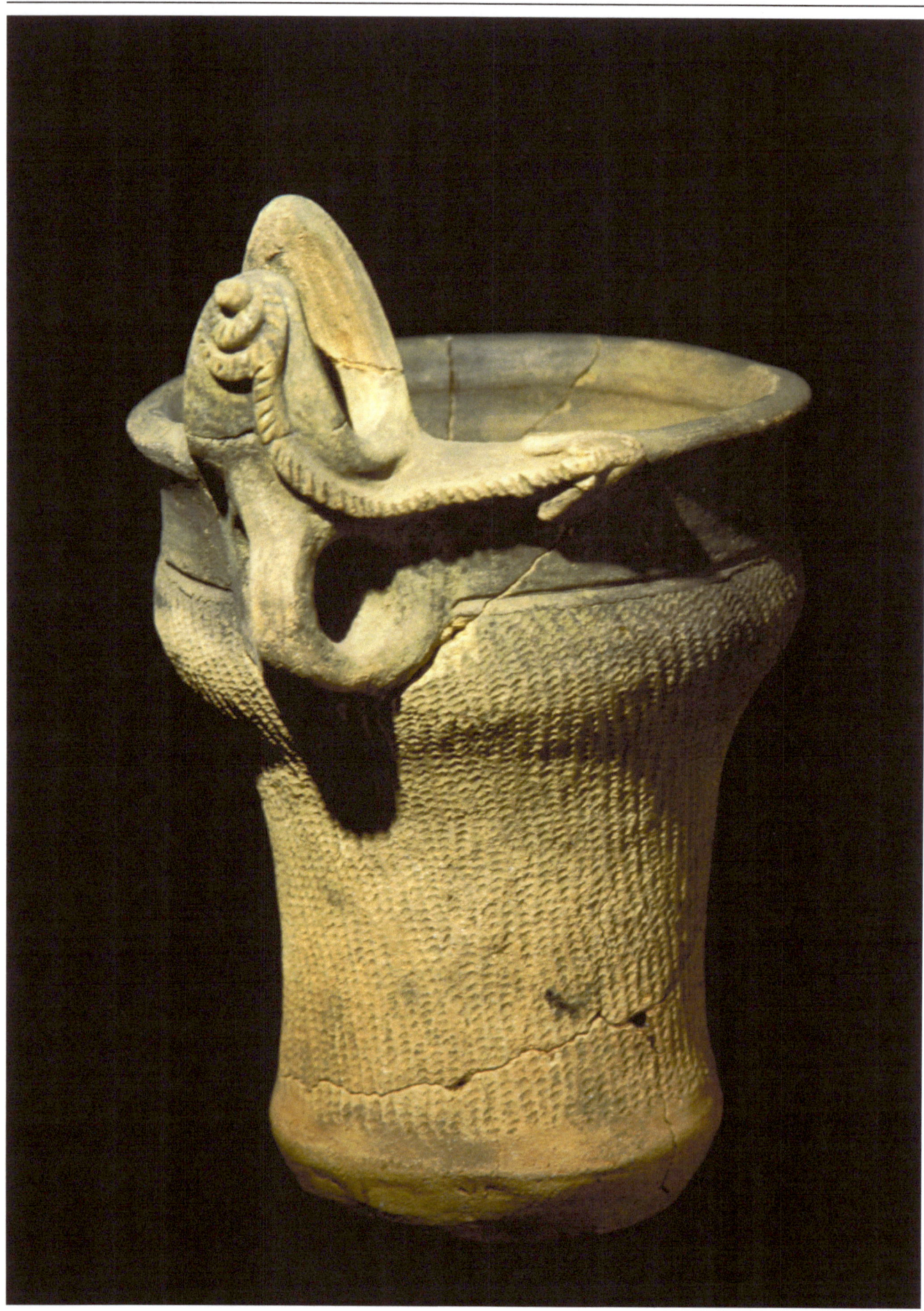

蛇文深鉢（じゃもんふかばち）

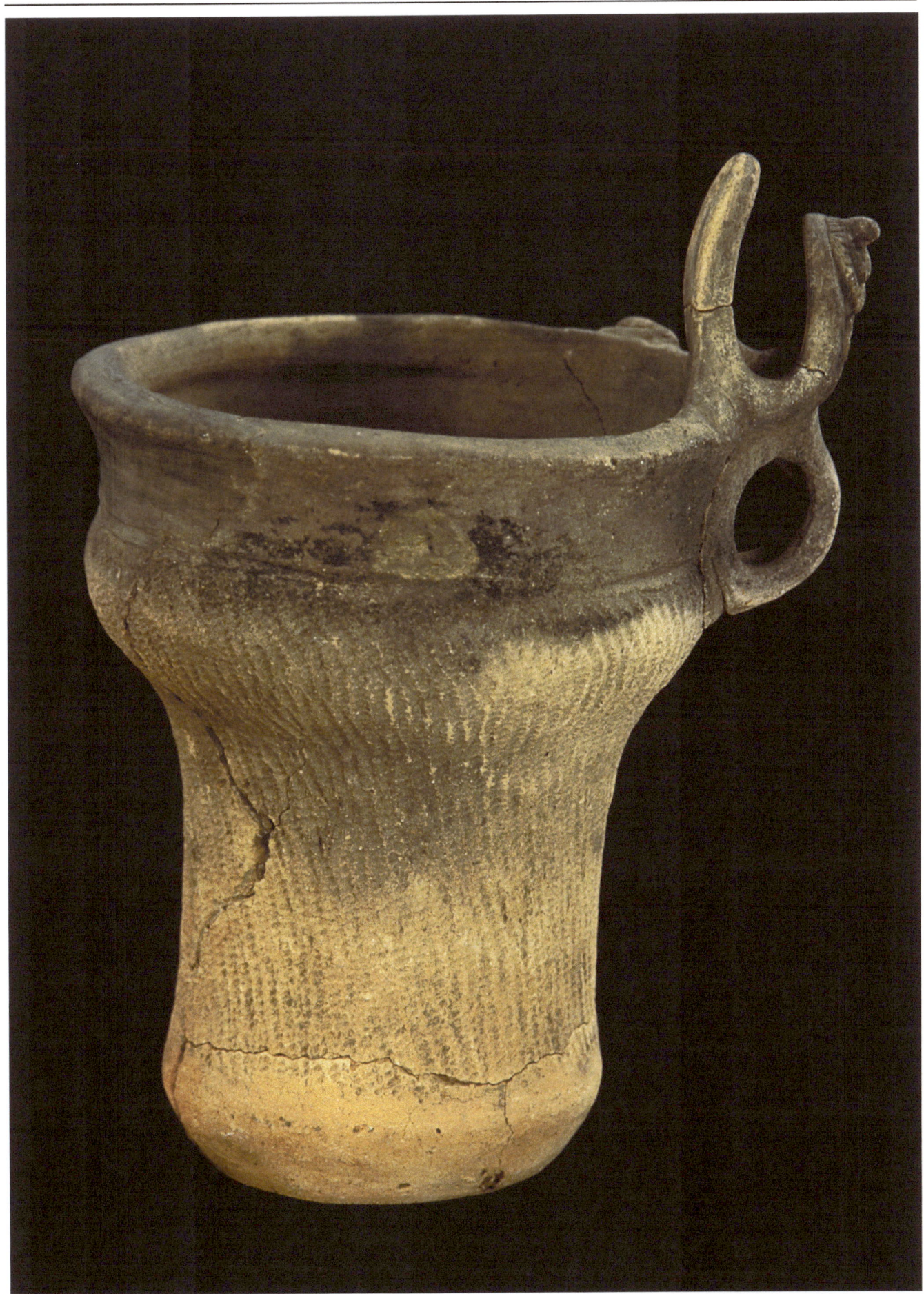

蛇頭半人半蛙交会文深鉢（じゃとうはんじんはんあこうかいもんふかばち）
曽利遺跡（そりいせき）
藤内Ⅱ式
曽利第32号住居址
昭和44年(1969年)　発掘
縄文中期中葉
約4600年前
38.8m（高さ）,26.5cm（口径）
曽利P65-No.34
ID-016

　この深鉢は、極めて精力的な感じで区画文が躍動し、新しい要素のすべてを秘め込んでいる。即ち、蛇頭をいただいたミミヅク把手が怪しく器内をみつめ外側にも目を持って警戒する様は、まさに、ミミヅクの生態を如実に現わしている。それに、器壁の各所に円を多用すると同時に半肉彫三叉文・渦文・矢形文・手形文・蜒文・杉葉文・銭形文などを巧みに組合せて特異な形の人体像を表現している。

　新しい要素の一つに屈折底がある。本址発見の土器で完全な屈折底は、この深鉢一点だけであった。

(武藤雄六)

　胴部を区画文で埋め、口縁にも蛇頭を戴いた双眼を置くなど、傑出した造形の土器である。もっとも注目されるのは蛇頭と双眼の下、もう一つやや小ぶりな双眼があり、その下が円環となっている。そこから上下に手足が伸びており、これが蛙ないしは半分ヒト半分カエルの精霊像の半人半蛙像であることがわかる。そこに下から矢印形の蛇頭が突き上げている。

　別な土器の図像から、蛙ないし半人半蛙の背は女性器をあらわすことが知られている。いっぽう蛇は神話などで男性神の変容した姿でもあることから、この矢印形の蛇頭は、男性器をあらわすものであろう。神々が交わり、新たな生命や秩序が誕生する物語が描かれているようだ。

(井戸尻考古館 小松隆史)

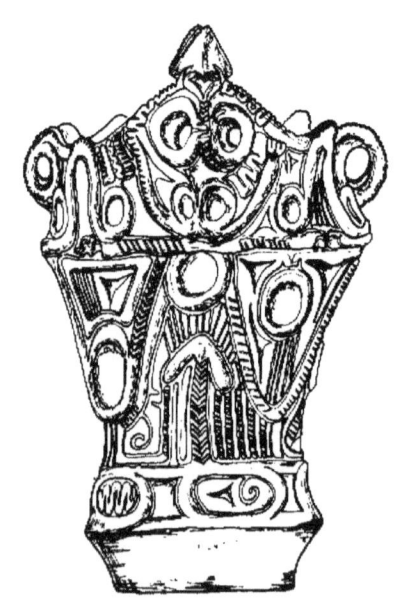 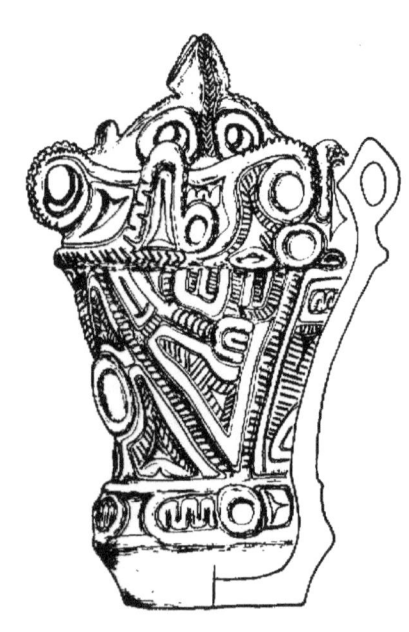

蛇頭半人半蛙交会文深鉢（じゃとうはんじんはんあこうかいもんふかばち）

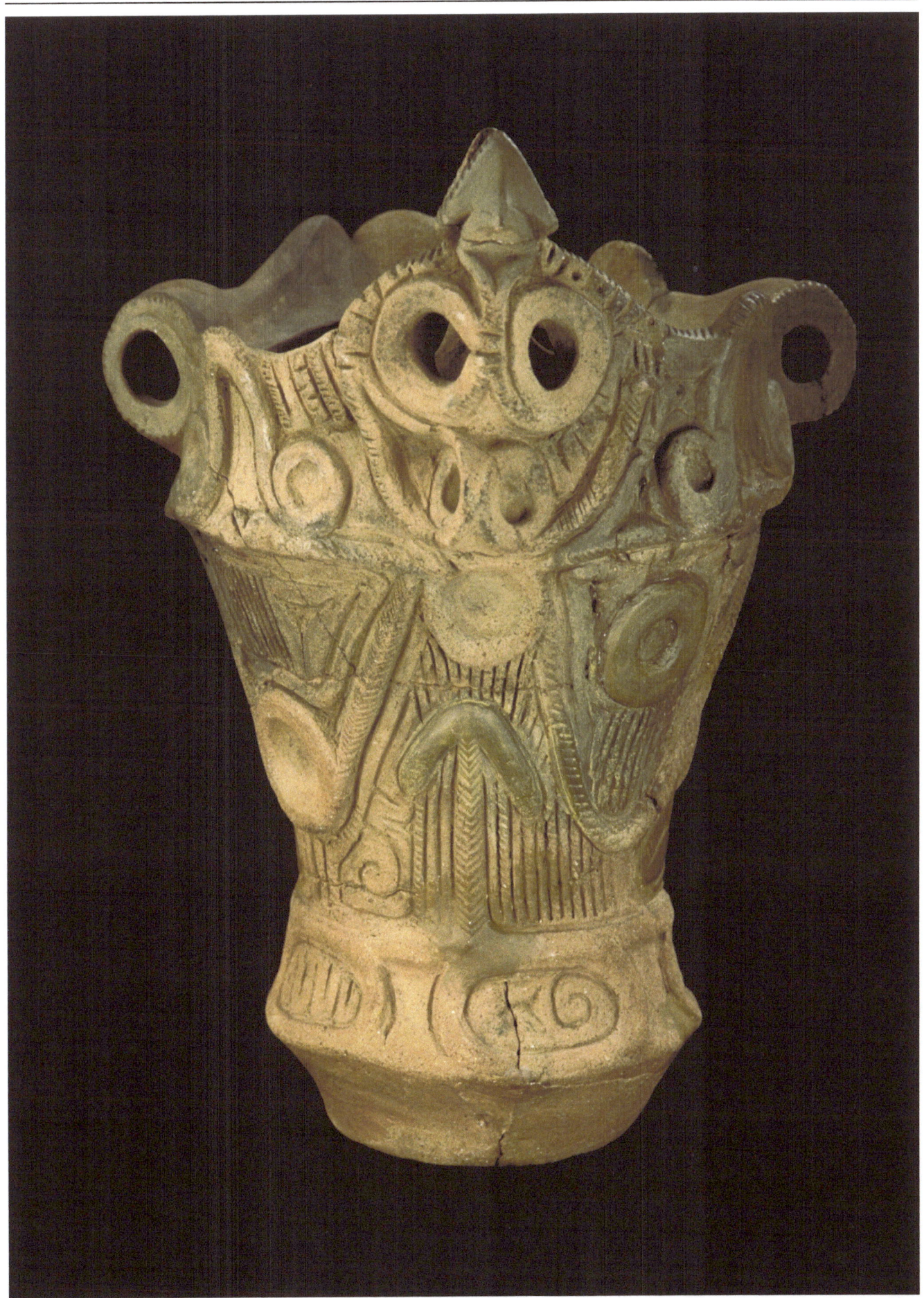

蛇頭半人半蛙交会文深鉢（じゃとうはんじんはんあこうかいもんふかばち）

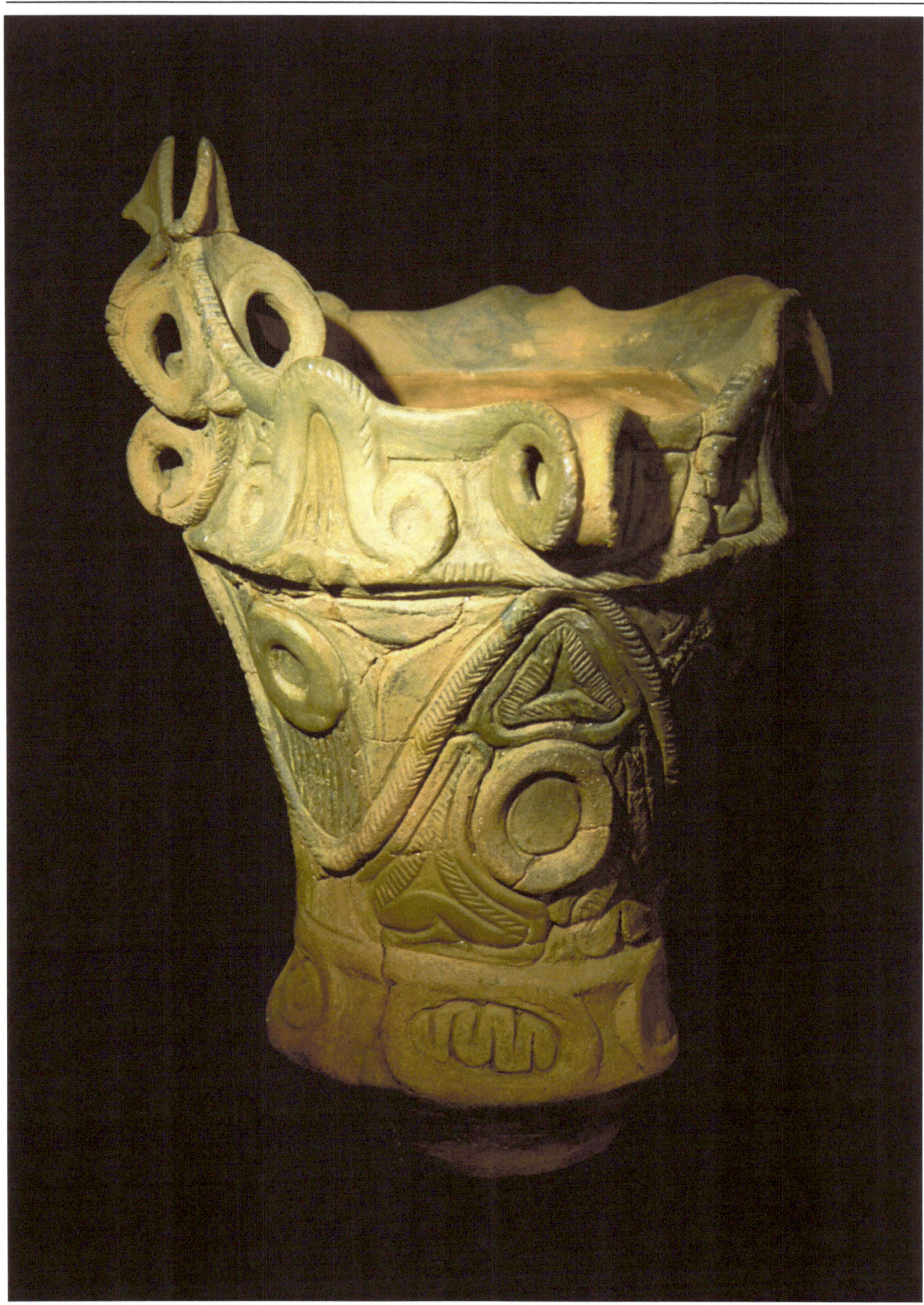

蛇頭半人半蛙交会文深鉢（じゃとうはんじんはんあこうかいもんふかばち）

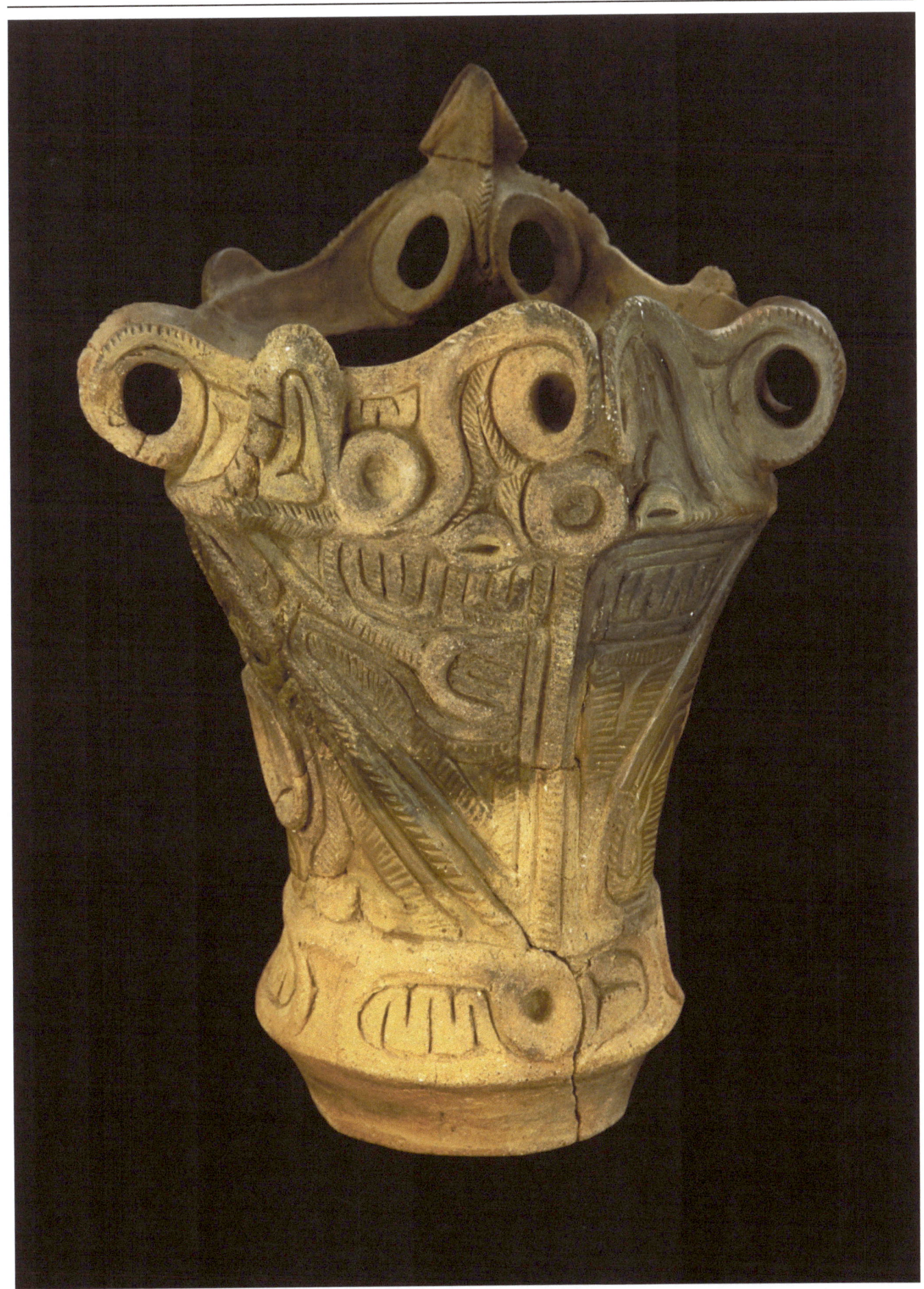

図録 井戸尻の縄文土器 全8巻

本図録は、長野県富士見町井戸尻考古館ならびに、以下、アマゾンのサイトからご購入いただけます。

モノクロ版　http://www.amazon.co.jp/
カラー版　　http://www.amazon.com/

井戸尻考古館では、主として縄文土器・土偶に関し、かねてより発掘資料の画像データベース化を進めてきましたが、この度、一般向けに遺跡別の図録をオンデマンド出版のかたちで刊行することになりました。写真については画像データベース構築の際に撮影した多視点画像のうち、土器ごとに最小3点を選び、1ページに1点という方針で割り付けることにしています。遺跡ならびに土器については、藤森栄一編「井戸尻」、富士見町教育委員会編「藤内」「曽利」「唐渡宮」など各遺跡の調査報告書を基に井戸尻考古館が解説を加えています。

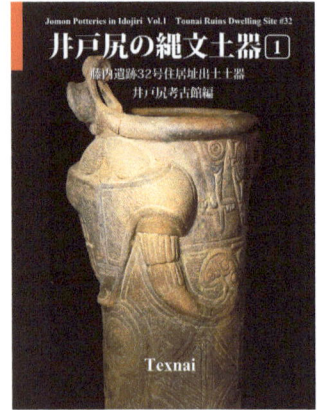

第1巻
藤内遺跡32号住居址出土土器 10点
レターサイズ　64ページ
既刊

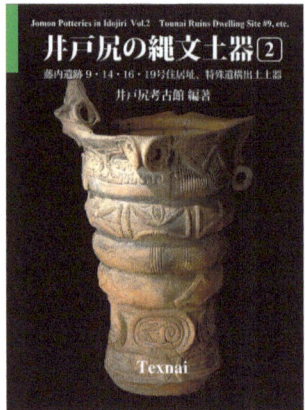

第2巻
藤内遺跡9・14・16・19号住居址・特殊遺構出土土器15点
レターサイズ　76ページ
既刊

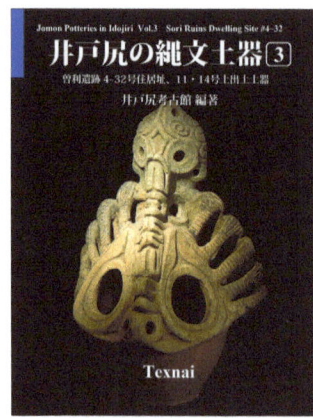

第3巻
曽利遺跡4・20・29・30・32号住居址他出土土器12点
レターサイズ　66ページ
既刊

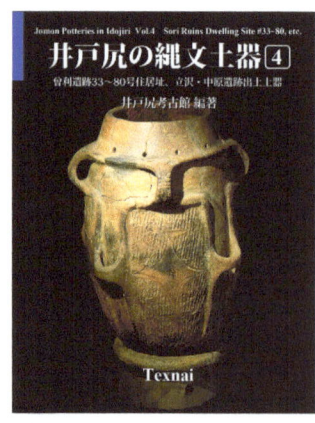

第4巻
曽利遺跡33〜80号住居址、立沢・大畑・坂上遺跡出土土器13点
レターサイズ　68ページ
既刊

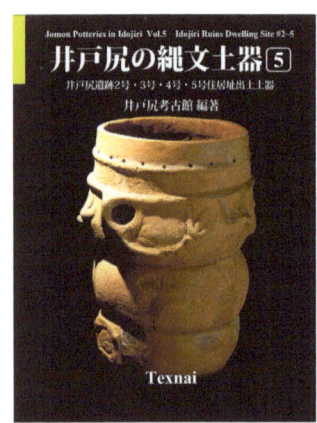

第5巻
井戸尻遺跡2号〜4号住居址；5号小竪穴出土土器11点
レターサイズ　64ページ
近刊

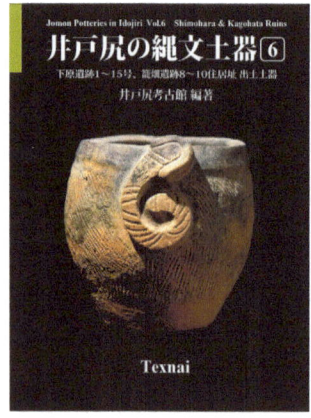

第6巻
下原遺跡1〜15号住居址、籠畑・遺跡出土土器12点
レターサイズ　68ページ
近刊

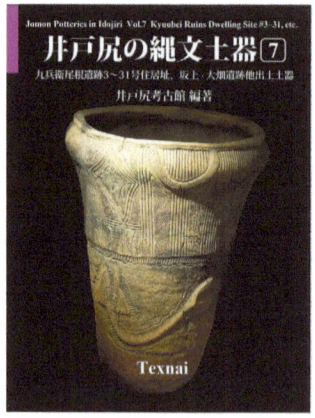

第7巻
九兵衛尾根遺跡2〜15号住居址、岩久保・中原遺跡出土土器12点
レターサイズ　64ページ
近刊

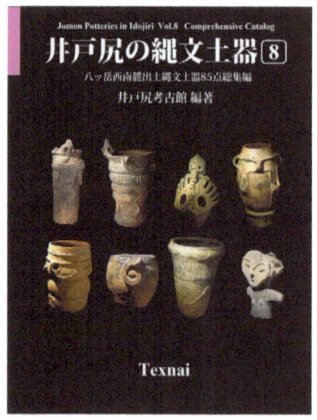

第8巻
井戸尻の縄文土器　総集編85点
レターサイズ　448ページ
近刊

※ 近刊のページ数、内容・掲載土器点数は予告なく変更される場合があります。

編著：長野県富士見町井戸尻考古館　　発行元：株式会社テクネ　東京都渋谷区宇田川町2−1　Tel: 03-3464-6927　　info@texnai.co.jp

www.ingramcontent.com/pod-product-compliance
Lightning Source LLC
Chambersburg PA
CBHW051205220526
45473CB00003B/908